查账实务技能即学即会

索晓辉 ⊙ 编著

中国市场出版社
China Market Press

图书在版编目(CIP)数据

查账实务技能即学即会 / 索晓辉编著. —北京：中国市场出版社,2014.1

ISBN 978-7-5092-1160-1

Ⅰ.①查… Ⅱ.①索… Ⅲ.①会计检查-基本知识 Ⅳ.①F231.6

中国版本图书馆 CIP 数据核字(2013)第 269288 号

出版发行	中国市场出版社
社　　址	北京月坛北小街 2 号院 3 号楼　邮政编码:100837
出版发行	编　辑　部(010)68034190　读者服务部(010)68022950
	发　行　部(010)68021338　68020340　68053489
	68024335　68033577　68033539
	总　编　室(010)68020336
	盗版举报(010)68020336
邮　　箱	1252625925@qq.com
经　　销	新华书店
印　　刷	北京彩虹伟业印刷有限公司
规　　格	170mm×240mm　16 开本　版　次:2014 年 1 月第 1 版
印　　张	15　印　次:2014 年 1 月第 1 次印刷
字　　数	220 千字　定　价:42.00 元

版权所有　侵权必究　印装差错　负责调换

前　言

　　会计在整个国民经济核算与管理体系中,发挥着不可替代的管理、控制、预测与决策支持的作用。社会越发展,经济活动越复杂,会计的职能和作用就越突出。尤其是在我国加入 WTO 以后,财会工作逐步与国际接轨,会计的核算与监督作用会越来越重要。同时我们也应看到会计在核算和监督过程中会受到各种不良因素的影响,导致会计信息失真,给管理和决策带来许多不必要的失误。假账就是非常大的危害之一。随着会计走向国际化的改革逐步深入,以及经济活动的日益纷繁复杂,假账的表现形态也将会多样化、复杂化和隐蔽化,其危害性也更加严重。

　　本书正是针对上述情况策划的。全书以《会计法》为准绳,以《企业财务通则》、《企业会计准则》为规范,按照企业会计制度统一规定的会计科目进行逐一详尽的讲述。

　　本书旨在为查账工作提供一个完整的操作方案。在编写过程中注重结合实际,主要有以下几个特点:

　　(1)知识全面。本书不仅使读者对会计科目和会计科目的使用有一个清晰的认识和全面的了解,而且为读者进行会计工作奠定了基础。

　　(2)实用性强。本书在每一节对每一个会计科目的应用提供了具体的案例,这些案例是实际工作中最常见的、最容易出现问题的典型案例。本书方便使用者查阅,可以成为即查即用的好帮手。

　　(3)语言通俗易懂。本书尽量把深奥的会计问题用浅显的语言表达出来,并同时利用图表等工具来描述复杂的甄别程序,力求做到通俗易懂、简单明了。

本书从查账工作的整体角度出发进行编写,按会计科目来论述。在结构上对每一个会计科目的使用进行了详尽的说明,并对每一个会计科目的查账方法、思路及具体防范措施都用典型案例一一解释,每一个典型案例都有疑点、查证、问题、调账四个部分,系统全面地展示了查账的整体思路。

由于编者知识水平有限,书中难免有不妥之处,敬请批评指正。

作　者

目 录

第一章 会计查账理论基础知识 ………………………………… 1

第一节 会计查账概述 ……………………………………… 1
1. 什么叫查账? ………………………………………… 1
2. 谁想查账? …………………………………………… 1
3. 谁来查账? …………………………………………… 2
4. 查账有什么样的要求? ……………………………… 2
5. 查账对象有哪些? …………………………………… 2
6. 在什么情况下进行查账? …………………………… 3
7. 为什么要查账? ……………………………………… 3
8. 查账与审计的内在关系是什么? …………………… 4
9. 查账应遵循什么原则? ……………………………… 4
10. 查账的形式有哪些? ………………………………… 5
11. 查账的种类有哪些? ………………………………… 6

第二节 会计查账步骤 ……………………………………… 7
1. 查账前的准备阶段做什么? ………………………… 8
2. 查账的具体实施阶段做什么? ……………………… 10
3. 查账的终结阶段做什么? …………………………… 11

第二章 查账的方法体系 ………………………………………… 13

第一节 查账的方法和思路 ………………………………… 13
1. 查账的方法体系是什么? …………………………… 13

2. 假账甄别的基本思路是什么? ………………………………… 13
第二节 查账的具体方式 …………………………………………… 14
1. 什么是顺查法和逆查法? ……………………………………… 14
2. 什么是详查法和抽查法? ……………………………………… 15
3. 什么是制度基础检查法与风险基础检查法? ………………… 16
第三节 查账取证技术 ……………………………………………… 17
1. 什么是审阅法? ………………………………………………… 17
2. 什么是核对法? ………………………………………………… 18
3. 什么是复核法? ………………………………………………… 19
4. 什么是调节法? ………………………………………………… 19
5. 什么是盘点法? ………………………………………………… 20
6. 什么是查询法? ………………………………………………… 20
7. 什么是观察法? ………………………………………………… 21
8. 什么是鉴定法? ………………………………………………… 21
9. 什么是分析法? ………………………………………………… 21
第四节 查账常用技巧 ……………………………………………… 22
1. 如何从异常数字中发现问题? ………………………………… 23
2. 如何从异常业务往来单位中发现问题? ……………………… 24
3. 如何从账户之间异常对应关系发现问题? …………………… 24
4. 如何从异常时间中发现问题? ………………………………… 25
5. 如何从异常地点发现问题? …………………………………… 26
6. 如何从有关人员异常生活变化中发现问题? ………………… 26
7. 如何利用三查三找法? ………………………………………… 27
8. 如何利用账外账检查法? ……………………………………… 28

第三章 会计错弊概述 …………………………………………………… 31
第一节 会计错误与会计舞弊 ……………………………………… 31
1. 怎样认定会计错弊? …………………………………………… 31

2. 怎样区分会计错误与会计舞弊？ …………………………… 31

　　3. 常见的会计错误有哪些？ ………………………………… 34

　　4. 哪些人工作中会产生会计错弊？ ………………………… 39

　　5. 会计错弊的特点是什么？ ………………………………… 39

第二节　导致会计错弊的原因及危害 ………………………… 40

　　1. 导致会计错弊的原因有哪些？ …………………………… 40

　　2. 会计错弊的危害有哪些？ ………………………………… 42

　　3. 哪些会计业务容易产生会计错弊？ ……………………… 43

第四章　针对会计凭证及会计账簿常见错弊的查证 …………… 45

第一节　会计凭证及其常见错弊概述 ………………………… 45

　　1. 什么是会计凭证？ ………………………………………… 45

　　2. 设置会计凭证的意义是什么？ …………………………… 46

　　3. 原始凭证常见错弊形式有哪些？ ………………………… 46

　　4. 记账凭证常见错弊形式有哪些？ ………………………… 49

第二节　会计凭证常见错弊的查证 …………………………… 51

　　1. 会计凭证名称方面的错弊如何查证？ …………………… 51

　　2. 会计凭证数字书写方面的错弊如何查证？ ……………… 51

　　3. 会计凭证编号方面的错弊如何查证？ …………………… 52

　　4. 会计凭证摘要方面的错弊如何查证？ …………………… 52

　　5. 会计凭证日期方面的错弊如何查证？ …………………… 52

　　6. 会计凭证汇总方面的错弊如何查证？ …………………… 52

　　7. 会计凭证格式方面的错弊如何查证？ …………………… 53

第三节　会计账簿的舞弊情况认定及查证 …………………… 53

　　1. 什么是会计账簿？ ………………………………………… 53

　　2. 设置会计账簿的意义是什么？ …………………………… 54

　　3. 会计账簿常见错弊形式有哪些？ ………………………… 55

　　4. 会计账簿启用和登记中错弊形式有哪些？

查证方法有哪些? ·· 56
　5. 会计账簿登记方面的错弊有哪些? 查证方法有哪些? ······ 57
　6. 会计账簿更正方面错弊有哪些? 查证方法有哪些? ········ 58
　7. 会计结账方面错弊有哪些? 查证方法有哪些? ················ 58
　8. 会计账簿设计与设置方面错弊有哪些?
　　　查证方法有哪些? ·· 60

第五章　针对货币资金项目常见错弊的查证 ·················· 61

第一节　库存现金 ·· 61
　1. 什么是库存现金? ·· 61
　2. 库存现金如何核算? ·· 62
　3. 企业什么业务允许现金结算? ································ 62
　4. 企业日常现金管理的规定有哪些? ·························· 62
　5. 库存现金业务常见错弊形式有哪些? ······················· 63
　6. 现金收入业务中常见错弊有哪些? 如何查证? ··········· 66
　7. 现金支出业务中常见错弊有哪些? 如何查证? ··········· 68
　8. 备用金方面常见错弊有哪些? 如何查证? ·················· 70
　9. 外币业务中的常见错弊有哪些? 如何查证? ··············· 71

第二节　银行存款 ·· 73
　1. 什么是银行存款? ·· 73
　2. 银行存款如何核算? ·· 74
　3. 银行存款如何管理? ·· 74
　4. 银行存款收支业务的查账方法与技巧是什么? ·········· 75
　5. 银行存款业务中常见错弊有哪些? ·························· 76
　6. 银行存款业务中错弊的查证方法有哪些? ················· 80
　7. 什么是银行存款余额调节表? 怎样编制? ················· 82
　8. 什么是银行存款内部控制? ···································· 84
　9. 银行存款内部控制的步骤与内容是什么? ················· 85

第三节　其他货币资金业务 …………………………………… 87
 1. 什么是外埠存款？外埠存款如何核算？ ………………… 87
 2. 外埠存款中常见错弊及查证方法有哪些？ ……………… 87
 3. 什么是银行汇票？银行汇票如何核算？ ………………… 88
 4. 银行汇票存款常见错弊及查证方法有哪些？ …………… 88
 5. 什么是银行本票？银行本票如何核算？ ………………… 89
 6. 银行本票存款常见错弊及查证方法有哪些？ …………… 89
 7. 其他货币资金项目下的其他资产项目有哪些？
  分别如何核算？ …………………………………………… 90
 8. 其他货币资金业务中一般性错弊有哪些？ ……………… 91
 9. 其他货币资金业务中错弊的查证方法有哪些？ ………… 92
 10. 在途货币资金业务的查证技巧有哪些？ ………………… 92

第六章　针对存货业务常见错弊的查证 ……………………… 93
第一节　存货内容概述 …………………………………………… 93
 1. 什么是存货？ ……………………………………………… 93
 2. 存货的核算原则有哪些？ ………………………………… 94
 3. 为什么要对存货进行内部控制审查？ …………………… 96
 4. 存货内部控制制度的主要内容有哪些？ ………………… 96
 5. 存货内部控制制度怎样审查？ …………………………… 98
 6. 存货盘点的意义是什么？ ………………………………… 99
 7. 日常如何对存货进行盘点？ ……………………………… 100
第二节　存货取得业务的错弊及查证 …………………………… 103
 1. 存货取得业务常见错弊形式有哪些？ …………………… 103
 2. 存货取得业务查账方法与技巧有哪些？ ………………… 106
第三节　存货发出业务的错弊及查证 …………………………… 107
 1. 存货发出业务常见错弊形式有哪些？ …………………… 107
 2. 存货发出业务的查账方法与技巧有哪些？ ……………… 110

第四节　存货储存与盘点业务的错弊及查证 …………… 111
1. 存货储存与盘点业务常见错弊形式有哪些？ ………… 111
2. 存货储存与盘点业务的查账方法与技巧有哪些？ …… 114

第五节　其他存货业务的常见错弊及查证 ………………… 116
1. 发生退货时有哪些错弊以及如何查证？ ……………… 116
2. 存货折扣有哪些常见错弊以及如何查证？ …………… 116
3. 对存货毁损处理中有哪些错弊以及如何查证？ ……… 117
4. 存货增值税方面有哪些常见错弊以及如何查证？ …… 117
5. 存货损失处理中有哪些常见错弊以及如何查证？ …… 117

第七章　针对固定资产常见错弊的查证 …………………… 119
第一节　固定资产概述 …………………………………… 119
1. 什么是固定资产？其特征是什么？ …………………… 119
2. 固定资产如何核算？ …………………………………… 120
3. 固定资产管理有什么意义？ …………………………… 122
4. 固定资产管理的要求有哪些？ ………………………… 122
5. 固定资产内部控制制度包含哪些内容？ ……………… 123
6. 固定资产内部控制制度如何检查？ …………………… 124

第二节　固定资产增加业务的错弊及其查证 ……………… 125
1. 固定资产分类方面的错弊形式有哪些？ ……………… 125
2. 固定资产计量方面的错弊形式有哪些？ ……………… 127
3. 主观谋私造成错弊的形式有哪些？ …………………… 128
4. 固定资产增加业务的查账方法和技巧有哪些？ ……… 131

第三节　固定资产减少业务的错弊及其查证 ……………… 133
1. 固定资产减少业务的错弊有哪些？ …………………… 133
2. 固定资产减少业务错弊检查的一般程序是什么？ …… 134
3. 固定资产减少业务错弊检查的内容与技巧有哪些？ … 135

第四节 固定资产其他业务的错弊及其查证 136
1. 固定资产折旧业务中常见错弊有哪些？.. 136
2. 固定资产折旧业务中常见错弊如何查证？.. 138
3. 固定资产修理业务中的错弊有哪些？.. 139
4. 固定资产修理业务中错弊如何查证？.. 139

第八章 针对无形资产、长期待摊费用常见错弊的查证 141
第一节 无形资产常见错弊及查证 141
1. 什么叫无形资产？.. 141
2. 无形资产有什么特点？.. 141
3. 无形资产有哪些分类？.. 142
4. 无形资产如何做账务处理？.. 142
5. 无形资产计价方面常见错弊有哪些？如何查证？............................ 146
6. 无形资产摊销方面常见错弊有哪些？如何查证？............................ 146
7. 无形资产转让中常见错弊有哪些？如何查证？................................ 147

第二节 长期待摊费用常见错弊及查证 148
1. 什么是长期待摊费用？.. 148
2. 长期待摊费用项目常见错弊有哪些？如何查证？............................ 149
3. 长期待摊费用摊销期常见错弊有哪些？如何查证？........................ 150
4. 长期待摊费用计算中常见错弊有哪些？如何查证？........................ 150

第九章 针对应收款项常见错弊的查证 151
第一节 应收款项概述 151
1. 什么是应收账款？怎样核算？.. 151
2. 什么是预付账款？怎样核算？.. 152
3. 什么是应收票据？关于应收票据的账务处理
   有什么规定？.. 152

4. 什么是其他应收款? ……………………………………… 154

第二节　应收账款项目的错弊及其查证 …………………… 154
 1. 应收账款入账过程中常见错弊有哪些? 如何查证? ……… 154
 2. 应收账款占用额中常见错弊有哪些? 如何查证? ………… 155
 3. 坏账准备计提中常见错弊有哪些? 如何查证? …………… 155
 4. 使用备抵法中常见错弊有哪些? 如何查证? ……………… 155
 5. 应收账款记录中常见错弊有哪些? 如何查证? …………… 156
 6. 应收账款回收中常见错弊有哪些? 如何查证? …………… 157

第三节　预付账款项目的错弊及其查证 …………………… 157
 1. 预付账款核算范围中常见错弊有哪些? 如何查证? ……… 157
 2. 预付账款处理中常见错弊有哪些? 如何查证? …………… 158
 3. 预付账款回收中常见错弊有哪些? 如何查证? …………… 158

第四节　应收票据、其他应收款项目的错弊及其查证 …… 159
 1. 应收票据项目核算中常见错弊有哪些? 如何查证? ……… 159
 2. 其他应收款会计核算常见错弊有哪些? 如何查证? ……… 162

第十章　针对负债项目常见错弊的查证 ……………………… 165

第一节　负债概述 …………………………………………… 165
 1. 什么叫短期借款? 如何核算? ……………………………… 165
 2. 什么叫应付票据? 如何核算? ……………………………… 166
 3. 什么是应付账款? 如何核算? ……………………………… 166
 4. 什么是预收账款? 如何核算? ……………………………… 167
 5. 什么是应付职工薪酬? 如何核算? ………………………… 168
 6. 什么是其他应付款? 如何核算? …………………………… 169
 7. 什么是长期借款? 如何核算? ……………………………… 169
 8. 什么叫应付债券? 如何核算? ……………………………… 170
 9. 什么叫长期应付款? 如何核算? …………………………… 171

第二节 流动负债的常见错弊及其查证 173

1. 短期借款的常见错弊有哪些？如何查证？ 173
2. 应付票据的常见错弊有哪些？如何查证？ 174
3. 应付账款的常见错弊有哪些？如何查证？ 174
4. 预收账款的常见错弊有哪些？如何查证？ 175
5. 应付职工薪酬的常见错弊有哪些？如何查证？ 176
6. 其他应付款的常见错弊有哪些？如何查证？ 177

第三节 非流动负债的常见错弊及其查证 177

1. 长期借款的常见错弊有哪些？如何查证？ 177
2. 应付债券的常见错弊有哪些？如何查证？ 178
3. 长期应付款的常见错弊有哪些？如何查证？ 179

第十一章 针对所有者权益常见错弊的查证 181

第一节 所有者权益概述 181

1. 什么是所有者权益？与负债的区别是什么？ 181
2. 什么是实收资本？怎样核算？ 182
3. 什么是盈余公积？怎样核算？ 183
4. 什么是未分配利润？如何核算？ 183

第二节 实收资本的常见错弊及查证 184

1. 实收资本业务中缴纳投资款时有哪些常见错弊以及如何查证？ 184
2. 实收资本业务中投资款的入账依据和价值方面有哪些错弊以及如何查证？ 184
3. 实收资本业务中增减资本金方面有哪些错弊以及如何查证？ 184

第三节 留存收益的常见错弊及查证 185

1. 留存收益核算内容方面有哪些常见错弊以及如何查证？ 185

2. 留存收益计提基数和比例方面有哪些常见错弊
以及如何查证? …………………………………………… 185
3. 使用留存收益时有哪些常见错弊以及如何查证? ………… 185

第十二章　针对成本费用常见错弊的查证 …………………… 187
第一节　成本费用概述 ……………………………………… 187
1. 什么是成本? ……………………………………………… 187
2. 什么是期间费用? ………………………………………… 188
3. 产品成本核算的一般程序是什么? ……………………… 188

第二节　成本费用的常见错弊及其查证 …………………… 189
1. 直接生产费用中常见错弊有哪些? 如何查证? ………… 189
2. 制造费用核算内容方面常见错弊有哪些? 如何查证? …… 190
3. 制造费用计算中常见错弊有哪些? 如何查证? ………… 191
4. 在产品成本包含内容中有哪些错弊以及如何查证? ……… 191
5. 在产品成本分配与计算中常见错弊有哪些?
   如何查证? ………………………………………………… 191
6. 产成品成本核算内容方面常见错弊有哪些?
   如何查证? ………………………………………………… 192
7. 产成品成本核算方法方面常见错弊有哪些?
   如何查证? ………………………………………………… 192
8. 期间费用方面常见错弊有哪些? 如何查证? …………… 192

第十三章　针对利润及利润分配常见错弊的查证 ……………… 197
第一节　收入、利润概述 …………………………………… 197
1. 什么是收入? 有哪些分类? ……………………………… 197
2. 主营业务收入如何核算? ………………………………… 198
3. 营业外收支如何核算? …………………………………… 198
4. 补贴收入如何核算? ……………………………………… 199

5. 什么是利润？有关利润的计算公式是什么？ …………… 199
　　　6. 利润如何核算？ ………………………………………… 200
　　　7. 税后利润结转如何核算？ ………………………………… 200
　　　8. 利润分配如何核算？ ……………………………………… 201
　　　9. 利润结算如何核算？ ……………………………………… 201
　　第二节　利润形成及利润分配的常见错弊及查证 …………… 202
　　　1. 主营业务收入中有哪些常见错弊？ ……………………… 202
　　　2. 对营业收入如何进行查证？ ……………………………… 205
　　　3. 结转损益类账户时常见错弊有哪些？如何查证？ ……… 206
　　　4. 利润核算范围方面常见错弊有哪些？如何查证？ ……… 206
　　　5. 利润计算中常见错弊有哪些？如何查证？ ……………… 206
　　　6. 利润分配顺序中常见错弊有哪些？如何查证？ ………… 207
　　　7. 提取盈余公积时常见错弊有哪些？如何查证？ ………… 207

第十四章　针对会计报表常见错弊的查证 …………………… 209
　　第一节　会计报表概述 …………………………………………… 209
　　　1. 什么是会计报表？ ………………………………………… 209
　　　2. 会计报表的检查目的是什么？ …………………………… 210
　　　3. 会计报表的检查重点是什么？ …………………………… 211
　　第二节　会计报表的常见错弊及查证 ………………………… 212
　　　1. 会计报表编制中有什么错弊以及如何查证？ …………… 212
　　　2. 会计报表勾稽方面有什么错弊以及如何查证？ ………… 213
　　　3. 会计报表分析中有什么错弊以及如何查证？ …………… 213

第十五章　评价企业的内部控制系统 ………………………… 215
　　第一节　内部控制系统概述 …………………………………… 215
　　　1. 什么是内部控制系统？进行内部控制有什么意义？ …… 215
　　　2. 企业进行内部控制包括哪些内容？ ……………………… 215

3. 如何了解企业的内部控制制度? ………………………… 216
4. 在了解企业的内部控制制度时对哪些方面
应着重考虑? …………………………………………… 217
5. 如何对企业内部控制制度进行调查取证? …………… 217
6. 企业内部控制如何为查账服务? ……………………… 218
7. 对企业内部控制系统的符合性测试有哪些? ………… 219
8. 如何对企业内部控制系统进行测试? ………………… 220

第二节 企业内部控制系统的常见错误及维护技巧 ………… 221
1. 企业内部控制系统中常见的错误有哪些? …………… 221
2. 鉴别企业内部控制系统错误有哪些技巧? …………… 222
3. 评价企业内部控制系统有效性时应注意哪些问题? … 223
4. 对于内部控制的评价结果分为哪几个层次? ………… 223

第一章　会计查账理论基础知识

第一节　会计查账概述

1. 什么叫查账?

查账是指依据国家的政策、法律、法规、制度规定等,采用专门的方法对企业、其他经济组织的会计档案进行审查,以确定其经济业务是否真实、合法、有效的一种经济监督活动。

查账是企业内部控制制度的重要组成部分,是保证企业健康、稳定、协调发展的重要手段。通过查账可以促使企业正确地组织财务收支,严格遵守财务会计制度,完善内部控制机制,使企业遵纪守法。同时通过查账还可以揭露那些贪污舞弊、以权谋私、偷漏税款、行贿受贿等违反国家财经纪律的行为,并对违法违纪者予以查处。随着企业规模的扩大,经济业务的复杂性日益增加,查账在企业中发挥着越来越重要的作用。

2. 谁想查账?

企业会计信息对于政府经济管理部门、税务机关、企业投资者,以及企业等都是十分重要的。但是,目前经济活动中出现的严重的会计信息失真现象已经成为制约经济发展的一个顽疾。随着经济政策、法律法规和核算制度的调整变革,许多新的会计舞弊行为不断出现,而且手段翻新、花样繁多,几乎到了防不胜防的地步。因此,无论政府管理部门、投资人,还是企业管理人员或私营企业主,都必须对会计错弊的各种表现有充分认识,从而采取有效的管理并加以防范。因此有查账意愿的不仅包括政府管理部门,还有投资人、企业管理人员和私营企业主。

3. 谁来查账?

面对大量的会计信息,有查账意愿的人往往不能准确地对会计信息进行快速高效的整合与分析,从中发现弊病。所以查账人员通常与信息需求者不一致。查账人员通常是信息需求者委托具有会计查账专业知识的独立第三方。

4. 查账有什么样的要求?

查账的要求主要是对查账人员的要求。查账业务涉及各行各业,接触的问题涉及方方面面,不具备多方面的业务知识,不掌握多种业务技能,是难以胜任查账工作的。一般来说,对查账人员有如下要求:

(1)熟悉国家有关的经济政策、财经法规及相关的规章制度;
(2)熟悉各种会计理论、会计方法和会计制度;
(3)熟悉经济管理、财务管理知识和相关经济知识;
(4)熟悉必要的查账方法与技巧;
(5)熟悉查账工作规范(程序)。

5. 查账对象有哪些?

查账的对象是指被查单位的全部经济活动或部分经济活动。查账既可以是各级人民政府或者相关权力部门对各类企事业单位进行查账,也可以是企业内部的审计部门,对本单位内部财务部门以及其他部门进行的查账。查账对象的具体内容包括以下的几个方面:

(1)内部控制制度是否严密,有无有章不循、遮人耳目的问题。内部控制制度是查账首先应注意的问题,它制定得完善与否,直接关系到企业部门人员之间相互制约的关系是否明确,内部管理是否井井有条,通过对内部控制制度的审查可以确定查账的重点。

(2)企业的经营管理状况。企业的经营管理水平直接关系到企业的生命力强弱,企业只有制定完善的经营管理机制,才能保证在激烈的市场竞争中生存发展下去。为此,查账人员应该检查企业管理职能机构和其有关制度是否健全、有效;决策、计划、组织、指挥、协调、控制、考核以及事前预测、事中监督、事后分析等是否科学有效;人、财、物是否各尽其用。

(3)会计工作是否合规。会计工作是查账的重点,因为会计工作忠实地记录了企业整个经营情况和资金运转情况。通过对会计凭证、账簿、报表的审查,确定会计资料的正确性和合法性。对那些通过涂改会计凭证、账簿等弄虚作假、营私舞弊或擅自扩大支出范围、滥发奖金、津贴,请客送礼、挤占挪用公家钱财,为个人谋私利的行为予以查处。

(4)财产、物资的保管情况。通过对会计账簿的审查,掌握了账上的数字后,还有必要检查财产、物资的保管情况。这一环节很重要。有的单位由于管理不严,手续不清,长期不进行库存物资的清点,存在许多盘亏盘盈问题,致使账面数字失控,领导作出的决策发生误差,为跑、冒、滴、漏等丑恶现象提供了滋生的温床。

6. 在什么情况下进行查账?

由于查账委托人的要求和查账对象的具体情况不同,查账的目的也不尽一致。有的是经济效果的认定,如厂长离任审查、承包审计、厂长工作期间审查;有的是对经济效益的审查;有的是对专项资金运用情况的审查;有的是对举报违法乱纪行为的审查,等。总之,查账是被人们所普遍认同的监督方法。

7. 为什么要查账?

查账是国家经济监督的组成部分,是保证国民经济健康发展的重要手段。通过查账,可以检查经济资料及反映的经济活动的真实性和准确性;监督机关、企事业单位严格按照国家有关法规办事。对遵纪守法,为国家经济发展做出贡献的给予公正客观的评价;对以权谋私、贪污受贿的坚决查处,以维护财经法纪,促进经济效益的提高。另外通过查账还可以针对带倾向性的问题,提出解决意见,为制定方针、政策,健全法规,完善内部控制制度提供客观依据。

8. 查账与审计的内在关系是什么?

说到查账,也许有人很快就联想到审计。审计就是查账吗?审计是独立检查会计资料及其所反映的经济活动,并对会计报表的合法性、公允性、一贯性发表审计意见。查账是以国家政策、法律、法规、规定及企业的制度规范为依据,运用一定技术方法、经验和技巧,对企事业单位经济信息资料,主要是对会计账目进行审查、验证、分析、查对,以发现其管理漏洞和违法舞弊的一种经济监督活动。

从这里我们可以看出,查账是审计的部分内容,但没有查账这基础而又重要的工作环节,审计人员就无权对会计报表发表审计意见,因此查账构成了审计工作的主体内容,无怪乎大多数人将查账与审计等同起来。

查账可从狭义和广义两方面理解。狭义的查账,指检查会计资料,如对会计账簿、会计凭证、会计报表等财会信息的检查。广义的查账,不仅包括检查会计资料,还包括对统计核算资料、业务核算资料和其他经济信息资料进行分析审查。

9. 查账应遵循什么原则?

进行查账工作,必须严格遵循查账的原则,它是查账工作的行动准则和行为规范。查账应遵循的原则如图1-1所示。

(1)客观性原则。查账必须根据真实正确的客观事实下结论,不得违背事物发展的客观规律。特别是审计人员,不得参与企业的任何经济活动,需独立地对被审单位作出结论和处理决定。查账人员取得证据,必须深入实

```
                    ┌─ 客观性原则
                    │
                    ├─ 合法性原则
        查账四原则 ──┤
                    ├─ 群众性原则
                    │
                    └─ 独立性原则
```

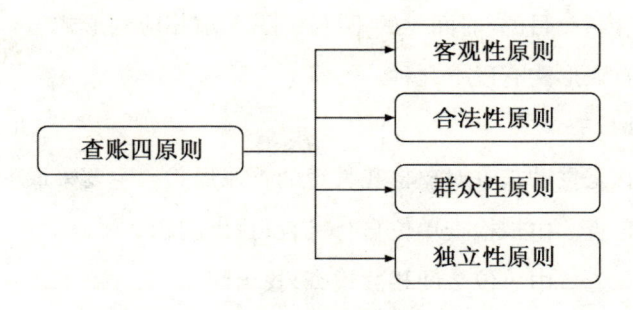

图1-1　查账四原则

际,以事实为依据,不能旁听偏信。

(2)合法性原则。查账人员必须遵循国家制定的方针、政策、法律、法令,这是做好查账的前提。查账人员在工作过程中始终要贯彻以事实为依据、以法律为准绳的思想,在没有明确的法律规章制度的情况下,审查组人员要共同研究,根据形势发展和存在的客观事实,作出公正合理的判断。查账人员在查账过程中也要受法律的约束,要刚直不阿,做事清廉,认真行使国家赋予的财经监督权。

(3)群众性原则。查账是一个应用比较广泛的经济活动监督方法,不仅有专门的查账机关如审计部门、会计师事务所、审计师事务所,还有银行、税务、纪检及内部稽核等部门的一般性查账。它涉及面广、情况复杂,特别需要群众的关心和支持。

(4)独立性原则。查账应由独立于核算之外的人员和机构进行,因为与账簿有关系的人员会由于私心对账簿管理人员进行包庇,使企业账簿内存在的潜在风险无法显现出来,久而久之,会对企业造成更大的损失,这都是在查账的过程中需要重点考虑的。

以上这四项原则是相互联系相辅相成的,客观性是前提,合法性是行动规范,群众性是保证,独立性是基础。只有将这四项原则有机地结合起来,会计查账才能真正起到监督的作用。

10.查账的形式有哪些?

查账的形式,是开展查账所采取的组织形式。查账的组织形式,是根据检查的范围、内容、目的、时间等的不同要求,采取相应的形式。

常用的查账形式有以下几种:

(1)自我检查。

自我检查是发动被查对象自我教育的查账形式。主要采取的方式是:

①单位自查。由被检查单位自行检查,找出问题。

②单位互查。由单位之间相互检查,找出问题。

(2)专业检查。

专业检查是由专业机构组成专业人员对被查对象查账的形式。主要采取的方式是:

①专门检查。由专业人员对被检查对象有针对性地进行检查。

②财税大检查。由财政及税务部门组成的有关人员对被检查对象进行检查。

③复查或验收检查。由专业人员对自我检查和专业检查的结果进行核实检查。

11. 查账的种类有哪些?

查账,可以按照不同的分类标准,分为不同的种类。

(1)按检查内容的范围。

查账按检查内容的范围划分为:全面检查、专题检查和部分抽查。

①全面检查,是对检查对象的有关资料进行详尽的核实,完整、系统地检查。

②专题检查,是对检查对象的有关问题有针对性地进行检查。

③部分抽查,是对检查对象的有关资料抽取一部分进行核实检查。

(2)按实施检查的时间要求。

查账按实施检查的时间要求划分为:定期检查和不定期检查。

①定期检查,是对检查对象按规定的时间进行检查。

②不定期检查,是对检查对象在不固定的、任意时间的检查。

(3)按查账的主体不同。

查账按查账的主体不同划分为：政府检查、民间检查和单位内部检查。

①政府检查，由政府有关机构组成专业人员对被检查对象进行的检查。

②民间检查，由社会执业机构及有关人员对被检查对象进行的检查。

③单位内部检查，由单位组织有关人员对本单位进行自我检查。

（4）按检查的对象。

查账按检查的对象划分为：会计资料检查和财产清查。

①会计资料检查，是对被检查对象的会计凭证、账簿、报表等进行的检查。

②财产清查，是对被检查对象的实物进行的检查。

查账除按上述分类外，还可以作其他一些分类。不论哪一种分类，在查账工作中，查账主体对于查账客体的确定，以及具体检查的时间、范围、内容、人力组织等，都要从实际需要出发，有计划、有步骤地进行安排。例如，无论是内部检查还是外部检查，可以定期检查，也可以不定期检查。定期检查可以进行全面检查，也可以部分抽查。总之，查账工作应选择合理的查账形式与种类，既要查出问题，也要减轻查账工作量。

第二节 会计查账步骤

查账实施程序是指查账人员从开始到结束的全过程。查账一般分为三个阶段，即查账准备阶段、查账实施阶段和终结报告阶段，如图1-2所示。

```
┌──────────────┐
│  查账准备阶段  │
└──────┬───────┘
       ↓
┌──────────────┐
│  查账实施阶段  │
└──────┬───────┘
       ↓
┌──────────────┐
│  查账终结阶段  │
└──────────────┘
```

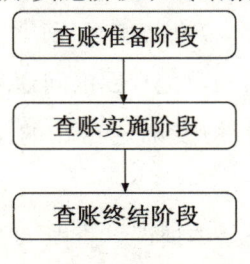

图1-2 查账的程序

1. 查账前的准备阶段做什么？

查账前的准备，是指在接受查账任务后，为使查账的实施能有计划、有目的、全面深入、突出重点地以最快的速度弄清情况，查明问题，在查账实施前所做的一系列准备工作。包括了解查账对象的必要情况，学习相关政策法规和制定查账计划等。

具体内容如下：

(1) 弄清查账目的、范围和期限。查账人员在接受查账任务时，应弄明白为什么查账，通过查账达到什么目的；查哪些会计资料，查账的时限（即从始至终的时间要求）。这是查账工作的起点，每一个查账人员都应该心中有数，以免查账中走弯路，出偏差。

(2) 配备查账人员。为了圆满完成查账任务，必须依据查账的目的、范围、时限以及查账对象的业务范围等的客观需要，配备一定数量和质量的查账人员，合理搭配，分工协作。

(3) 学习相关政策法规。查账是一项政策性较强的工作。因此，在实施查账之前，应根据查账人员的情况和查账对象的特点，学习相关政策法规，以提高查账人员的业务素质。这对于查账工作的顺利进行和保证查账质量，是非常必要的。

(4) 搜集分析有关资料。尽可能搜集财务会计报表、纳税资料等各种相关资料。在此基础上，对有关资料进行前期研究分析。

①根据过去执行财经纪律的情况，以及近年历次财税检查、审查中存在的问题，结合该单位生产经营或业务开展情况，研究分析可能存在的问题。

②对各项财务成本指标，分别与预算、前期实际和同类单位同口径进行对比分析、分组分析，研究分析可能存在的问题及其严重程度。

③综合上述两项分析，初步确定存在的主要问题和时段，提出查账重点。

(5) 了解查账对象有关基本情况。查账人员对查账对象的情况了解越多、越熟悉，对查账工作的顺利开展越有利。当然，情况的了解，是查账全过

程的事,非一朝一夕之功。为了查账的顺利进行,在准备阶段,一般应了解以下情况:

①生产经营一般情况。如产品结构、生产经营规模、进销渠道、购销方式等。

②会计工作组织形式和会计核算形式。会计工作组织形式是指单位内部各部门以及会计机构内部在会计核算上的相互关系。企业因规模大小、业务范围、机构设置、距离远近等方面的不同,在会计组织形式上也会有所不同,如分散核算还是集中核算,多级核算还是一级核算等。

会计核算形式是会计核算中原始凭证组织、记账凭证组织、账簿组织和会计报表组织按照一定的程序(记账程序)互相联结的方式。如记账凭证核算形式、汇总记账凭证核算形式和科目汇总表核算形式等。不同的会计核算形式,对查账资料的选择和内部分工影响较大。如采用科目汇总表核算形式的,总账上记入的数字是汇总的且无摘要,具体日期也不明确,因此检查中利用价值不大,需主要检查明细账与凭证;采用记账凭证核算形式的,总账上反映的情况比较清楚,查阅价值较大。

③财会人员的配备和素质。一般来说,财会人员配备足、品德较好、业务素质较高的单位,财务较清晰,问题较少;相反,则财务管理与账务处理较乱,问题可能较多。未经专业培训人员管理的账务,更应该多留心。

④过去是否接受过检查,检查结果的情况。一般来说,经过检查且改进较好的单位问题较少;问题常查常犯的单位,往往问题仍然存在。了解的方式有:可向有关部门了解或座谈,也可请被查单位有关人员座谈介绍,还可以现场观察了解。

(6)拟订查账计划。查账计划,是为完成查账任务而拟定的工作安排和完成要求。查账人员在做好以上准备工作之后,应通过认真分析研究,提出查账的方向和项目,确定哪些项目先查,哪些项目后查,每一项目所应采取的查账方法和注意要点,需要多少人力和时间,查账人员内部分工协作等,写出书面计划。

书面计划可以文字表述,也可以表格列示,以便查账工作能有计划、有步骤、有重点、有条不紊地进行,避免顾此失彼、漏查漏算的情况发生。

查账实施中如情况发生变化,需要调整查账计划的,要充分研究,并做出记录。只有这样,才能快速、顺利、高质量地完成查账任务。

2. 查账的具体实施阶段做什么?

查账实施是查账工作的主要阶段,查账人员要根据所确定的查账范围和内容及查账工作进程按四个程序进行查账。如图 1-3 所示。

审查会计资料 → 审查重点经济项目 → 做好审查记录登记 → 外查核实取证

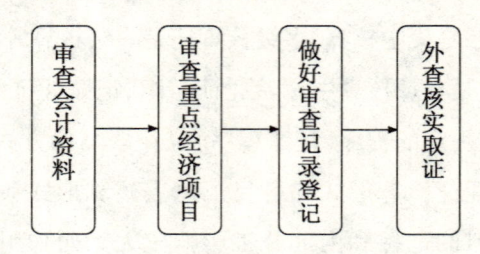

图 1-3　查账工作的四个程序

（1）审查会计资料。审查会计资料是为了查证财务收支及其状况的合法性、合理性、正确性、真实性。会计资料包括资金取得、占用、支出和分配,以及收支的预算,收支的凭证,收支账簿记录,收支的会计报表等。从会计资料中发现一般性错误和弊端,查找问题线索。

（2）审查重点经济项目。查账人员要根据群众反映举报,结合审查会计资料所掌握的情况审查资金贪污、私分、占用、挪用、虚报虚列情况,找出问题的突破口,实施追踪审查,为外查获得事实依据。

（3）做好审查记录登记。做好审查记录登记是查账工作的重要环节,是为终结查账拟定报告和指导调整被查账单位账目差错,完善制度及建议提供便利的文字数据。

（4）外查核实取证。外查核实取证是查账工作的重要方法。外查就是要走访调查知情人,证明事实的真假,索取有利证据。核实就是在外查的前提下,对当事人要进一步盘问证实,做出有效的询证笔录,做到程序合法,为下一步处理落实问题提供坚实的法律依据。

3. 查账的终结阶段做什么？

查账终结工作即收尾工作，是查账质量的综合反映和最终体现，应切实做好。查账收尾工作一般有以下内容。

（1）整理资料、归类汇总。

整理查账资料，进行归类汇总，是查账终结工作的第一步。

①整理查账工作底稿。查账工作底稿，是查账工作中编写的各种记录，包括完成的查账项目，采取的方法，积极获取的有关数据。查账人员在查账过程中，对于在所查项目中所发现的问题或疑点，以及查证落实的账簿种类与页次、凭证日期、号码，其他相关情况与问题等都应随时记入查账工作底稿，收尾时，应将这些记录进行检查、补充和完善、汇总整理，并提出处理意见，便于讨论研究和事后检查。

②将查账工作底稿按经济问题性质分项归类汇总。归类汇总方式，可以用文字依次叙述，也可用表格的形式按问题分类分项表述，并辅以必要的文字简述。

③对照查账计划，检查计划是否全部完成。对照查账计划，检查计划的完成情况，所有问题是否全部查实，若发现遗漏或疏忽之处，应抓紧补上。

（2）集体汇审，初步定案。

查账资料汇总之后，应将所有问题的性质、案情、数据、处理意见等在查账人员内部逐项集体研究，形成共识。并结合对资料的审查结果，耐心听取研究过程中的不同意见，反复琢磨，切忌带着框框主观决断。汇审时，可请单位主管领导、部门负责人、政策咨询人员参加，以保证处理意见的准确与合理。

（3）召开被查单位座谈会。

在内部意见基本统一后，应召开被查单位座谈会，召集审查与被查双方有关人员参加。会议内容一是汇报查账情况，肯定被查单位成绩与经验，指出存在的问题和不足，提出处理意见与整改建议；听取被查单位对查账工作和结果的意见，对提出异议的问题，应与其仔细核对，逐项落实定案，做到实事求是,坚持原则,耐心解释,允许被查单位保留意见,并做好记录。

(4)写出查账报告。

在完成上述程序后,应写出查账报告,报送有关领导和部门,抄送被查单位。接受被查单位委托查账的,则报送委托单位。查账报告的主要内容有:被查单位的基本情况;查账的目的、要求和范围;实施查账的情况和方法;查出的问题和性质;处理意见;被查单位经济活动情况的评价和建议。

(5)督促调账、催缴款项、指导整改。

查账的最终目的是帮助被查单位提高法制观念,纠正存在的问题,改善经营管理。促进被查单位健康发展。调账、缴款和针对问题的整改,是落实查账结果、实现上述目标的重要手段。

通过查账,审查单位在摸清了存在的问题,了解了在贯彻经济核算、执行财会制度、遵守财经纪律及经营管理中的薄弱环节后,应有针对性地提出健全制度、改进管理的有效措施,帮助其切实整改,把查账的目的、要求落到实处。

第二章　查账的方法体系

第一节　查账的方法和思路

1. 查账的方法体系是什么？

查账业务的方法论,应该是一个有三个层次的方法体系:即查证会计错弊的基本策略;查证会计错弊的基本方法;查证会计错弊的常用技巧。因此在查账工作中,首先要选择正确的策略。正确的基本策略可以让我们有正确的查账方向;扎实的基本方法可以让我们找到问题所在;丰富的查账技巧来源于查账业务的时间,可以帮我们提高查账工作的效率。

2. 假账甄别的基本思路是什么？

能否及时、准确地捕捉会计错弊的疑点或线索,在很大程度上取决于查证人员的业务水平和职业经验。其中,查证人员是否具备科学的查账思路是一个相当重要的因素。因此,捕捉会计错弊疑点的技巧之一便是确立科学的查证思路。

科学的查证思路,应从以下几方面确立:

(1)确立科学的假设观念。

即查证人员在查证工作中,甚至在查证工作开始前,应假设被查单位的会计资料或其他有关方面存在会计错弊,只不过尚不知其具体表现形态及存在环节。事实上,会计错弊也许不存在,但查证人员只有确立这一假设,才有可能以审查监督者的态度和眼光查阅被查单位的每一份所需检查的会计资料,对待与审视被查单位的每一件与查证工作有关的事项,才有可能从多方面、多角度检查和评价被查单位会计资料和有关事项的准确性、合理性与合法性,也才可能及时、准确地发现或捕捉会计错弊的疑点或线索。

(2)重视对内部会计控制制度的检查、测试与评价。

内部会计控制制度是在本部门或本单位内部建立的预防和控制会计错弊发生的有关措施、手续、方法和程序的总称。会计错弊的查证由于其自身特性及检查对象或内容的复杂性、多样性决定了它具有一定的盲目性。为避免或者减少这种盲目性,要求查证人员不能于查账伊始便埋头于具体会计资料的检查工作,而应首先通过调查、询问、观察等方式方法检查和测试内部会计控制制度,以确定其是否健全、有效。如果结论是否定的,那么,便可根据其具体形态及情形来确定或判断会计错弊存在的重点环节及可能的表现形态,然后,运用一般查证方法便可较快较准确地抓住会计错弊的疑点并进而查证其具体形态及形成过程。经过检查与测试,如果认为被查单位的内部会计控制系统部分环节健全、部分环节不健全,那么,查账人员可以将不健全环节的会计资料及其所反映的经济活动作为检查的重点内容,从而使会计错弊查处工作收到事半功倍之效。

第二节　查账的具体方式

1. 什么是顺查法和逆查法?

按照查账的顺序,查账可分为顺查法和逆查法。

(1)顺查法。顺查法是指按照会计核算程序,从审查原始凭证开始,顺次审查账簿,核对报表,最后审查纳税情况的审查方法。顺查法比较系统、全面,运用简单,可避免遗漏。但这种方法工作量大,重点不够突出,适用于审查经济业务量较少的企业。

（2）逆查法。逆查法是以会计核算的相反顺序,从分析审查会计报表开始,对于有疑点的地方再进一步审查账簿和凭证。这种方法能够抓住重点,迅速突破问题,适用于查账人员对企业的经营状况较为了解的情况。

由此可知,会计错弊的查证工作对会计凭证、账簿、报表若按其先后顺序依次进行检查,则称为顺查;若按其相反顺序依次进行检查,则称为逆查。顺查法运用简便且能够把问题查彻底,但费时费力且抓不住问题的重点,它适用于规模小、资料少、经济业务简单的被查单位以及内部控制制度不健全、发现了重大会计错弊案件的被查单位;逆查法与顺查法刚好相反,运用起来较省时省力且容易抓住问题的重点,但有时会遗漏重大问题,不便把问题彻底查清楚。在会计错弊查证工作中,不能机械呆板运用顺查法或逆查法,而应将二者有机地结合起来。一般来说,查账伊始,宜先运用逆查法,通过对反映全面、综合情况的会计报表的检查抓住会计错弊存在的重点环节,然后,根据确定的重点环节确定需要检查的会计账簿并对其进行详查。在检查会计凭证和账簿时,若为了证实某处记录是否存在会计错弊或错弊线索,可以顺查法开始,再结合运用逆查法。总之,顺查和逆查可变换运用,顺查中有逆查,逆查中有顺查,顺查与逆查相互结合、相互渗透。只有正确认识并处理顺查与逆查的关系,才能在顺查与逆查的灵活运用过程中,既尽快抓住会计错弊存在的重点环节,又及时、准确地捕捉住会计错弊的疑点或线索。

2. 什么是详查法和抽查法？

根据审查资料的多少进行分类可以分为详查法和抽查法。

（1）详查法。详查法是指查账人员对查账期间的全部凭证、账簿、报表及其他经济活动进行全面审查。详查法既要对凭证、账簿、报表审查,又要审查有关的经济资料并加以分析,所以审查的内容全面,结论和评价准确、科学,但工作业务量大,费时费力。此种方法适用于经济业务较少,会计核算简单或者是为了揭露重大问题而进行的专案审查。

(2)抽查法。抽查法是指查账人员在查账期间从全部凭证、账簿、报表等有关资料中,抽取部分项目进行审查并据以推断全体情况的一种审查方法。由于查账人员在查账之前,对被审查单位会计的薄弱环节并不了解,因此,抽查时往往具有很大的随意性,因此审查的结论和评价准确性较差,但随着查账人员实践经验的不断积累和判断能力的提高,查账人员可以事先进行周密准备,有的放矢地进行抽查。抽查法的长处是比较节省时间和人力。

由此可知,对被查单位一定范围内的会计资料及其所反映的经济活动进行全面、细致的检查称为详查;有重点地抽取其一部分进行检查则称为抽查。详查与上述的顺查、抽查与上述的逆查,是相对应的方法,其优缺点和适用范围是相同或相似的。在会计错弊的查证工作中,也应将详查与抽查有机地结合起来,以便使查证工作收到事半功倍之效。一般来说,查账伊始应先运用抽查法确定或判断会计错弊存在的重点环节,并对其所反映的经济活动进行详细检查,以其审查结果推断整个范围的查账结论;必要时,可扩大抽查范围,直至进行整个查账范围的详细检查。当然,有时查账伊始即进行详细检查,但即使这样,也应在详查前确定详查会计资料及其所反映的经济活动的范围,这种范围的确定便体现了抽查的特性。总之,详查与抽查也是相互联系、相互渗透的,在会计错弊查证工作中必须正确处理它们之间的关系。

3. 什么是制度基础检查法与风险基础检查法?

制度基础检查法是查账人员通过对内部控制制度的调查、了解、分析与评价,决定进一步查账的范围、时间和程序的一种查账方法。

随着社会经济发展,企业规模的扩大,内部控制制度在企业管理中显示出越来越重要的作用。由于内部控制制度的建立和发展,使原来的单项查账观点转变为全面查账的观点,它让人们认识到,单项错误的重复发生与制度中存在的问题是紧密相连的,与其逐项检查,倒不如先从制度开始检查,从制度本身的漏洞来判断实际业务中可能存在的问题。

于是,现代查账工作先从内部控制制度查起,然后根据需要进行有目的、有重点的检查,这样不仅减少了工作量,节约了查账费用,提高了工作效率,而且还能保证查账结论建立在更加可靠的基础上。

制度基础检查法的优点是:制度基础检查法使查账工作抓住了查账重点,即内部控制薄弱处或易发生会计错弊处,减少了工作量,从而提高了工作效率。

制度基础检查法的缺点是:由于查账结论是建立在对内部控制制度的测试评价基础之上的,而内部控制制度的测试又多采用抽查法,这样查账结论会受制度测试质量的影响。

制度基础检查法的适用性是:当企业内部控制极其薄弱或因对内部控制制度进行测试所花费的查账成本比不依赖内部控制制度而直接进行查账工作所花费的成本高时,则企业不应采用制度基础检查法,除此之外,企业均应采用制度基础检查法。

风险基础检查法是通过建立风险模型,把风险量化,最终来决定抽样的样本量。通过对被查单位风险的评价,有利于寻找高风险的审查项目,从而集中力量,最大限度地降低检查风险,使重大的差错和舞弊行为可以揭露出来,将查账风险降低到可接受的水平。

第三节 查账取证技术

查账的取证技术,就是为了收集证据而采取的各种具体措施和手段。取证技术可根据所使用的查账工具及其适用的信息系统分为手工取证技术和计算机取证技术。这里主要研究手工取证技术。

1. 什么是审阅法?

审阅法是通过对书面资料的观察阅读,来审查资料本身及其反映的经济活动是否真实、合法、合理的一种查账方法。运用审阅法一般从形式和内容两个方面进行审查。

（1）形式上的审查。主要审阅资料是否完整，种类格式是否合乎规定，项目填列是否齐全，手续是否完善，相关资料口径是否一致，数据是否衔接，编号是否连续等。

（2）内容上的审查。主要审阅资料所反映的经济活动是否真实，是否符合国家有关法律、法规，业务处理是否符合会计准则和会计制度的规定等。

审阅法是一种最基本的查账技术方法，使用简便，易于掌握，常常与其他查账取证技术结合使用，用来发现疑点，确定进一步审查的线索。

2. 什么是核对法？

核对法是将两种或两种以上的相关资料相互对照或者交叉对照，来验证各种会计资料是否相符、其内容是否一致、计算是否准确的查账方法。如图 2-1 所示。

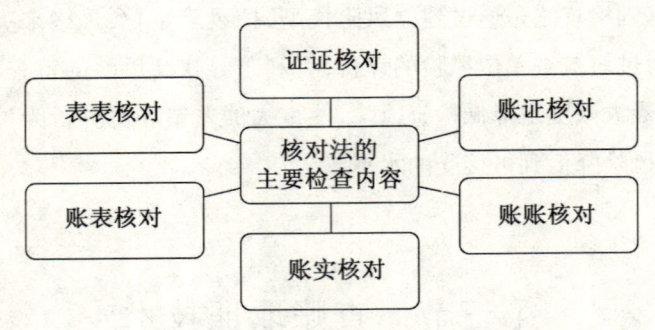

图 2-1 核对法的主要检查内容

（1）证证核对。包括原始凭证与相关原始凭证、原始凭证同原始凭证汇总表、记账凭证同原始凭证以及记账凭证同汇总凭证之间的核对，主要根据其所列要素，核对其内容、数量、日期、单价、金额、借贷方向等是否相符。

（2）账证核对。根据记账凭证或汇总凭证核对总分类账、明细分类账，看其内容、日期、金额、科目名称、借贷方向等是否相符。会计账簿是根据会计凭证登记的，所以，二者在金额、业务内容、所用科目等方面都应相符。被查单位在账簿中如有多记、少记、重复记账、漏记和错记等会计错弊，通过账证核对便可发现其疑点。

（3）账账核对。主要核对总分类账期末余额与所属明细账期末余额之和是否相等，总分类账本期发生额、期初余额与其所属明细分类账本期发生额之和、期初余额之和是否分别相等，财会部门财产物资明细账与财产物资保管人员明细账是否相符，以及将总分类账与明细分类账、日记账有关记录核对。

（4）账实核对。监督盘点实物资产并与账面余额相核对，看是否相符。

（5）账表核对。核对总分类账、明细分类账与各报表的相关项目的数据是否一致。

（6）表表核对。有关会计报表之间以及各会计报表内容项目之间都存在着密切联系。通过表表核对，可以发现其中不正常的对应关系，并以此为疑点进一步查证会计错弊。

3. 什么是复核法？

复核法，又称复算法或验算法，是指查账人员通过重新计算有关数据指标，以验证其是否正确可靠的查账取证技术。

4. 什么是调节法？

调节法是指以一定时点的数据为基础，结合某些已经发生的正常业务而应增应减的因素，将其调整为所需要的数据，从而验证被查事项是否正确的方法。

这种方法主要用于财产物资的审查，由于财产物资的盘点日往往迟于结账日，因而必须将盘点日数据调节为结账日数据，以求核实查账目标是否确实占有。其方法如下：

$$\frac{结账日}{存量} = \frac{盘点日}{存量} + \frac{结账日至盘点日}{发出量} - \frac{结账日至盘点日}{收入量}$$

使用上述公式将盘点日存量追溯到结账日存量，但应用此公式前，须将结账日至盘点日间的收发业务进行审阅和核对,并且将查账报告日与查账结账日的所有收发业务全部包含在内,不可遗漏,否则,会出现财务信息不真实的情况。

5. 什么是盘点法?

盘点法是指通过对被查单位的财产物资进行清点、计量,证实账面所反映的财物是否确实存在的一种常用审查方法。盘点法和核对法是结合在一起使用的。用盘点法证实某项财产物资的实存数,再与账面记录进行核对,以查证有无会计错弊。主要用于现金、有价证券、存货(如材料、产成品)和固定资产等财产物资的品种、规格、数量、质量、成套性的审查。

盘点法可分为直接盘点和监督盘点。直接盘点是指查账人员通过亲自盘点来验证账面反映的有关财务数据是否存在、是否完整,一般用于检查数量小、价值大的贵重物资;监督盘点又称监盘法,是在审计人员的监督下,由被审单位有关人员对财产物资进行盘点,必要时,查账人员可以进行复点,一般用于盘点价值小、数量大的财产物资。在实际工作中多采用监督盘点方式,盘点时财产物资的经管人员及主管人员均应在场,盘点结果要作盘点记录,由财产经管人员、主管人员和审查人员三方签字,作为审查依据。

若检查日与结账日不一致时,应进行必要调整。

6. 什么是查询法?

查询法是指查账人员对审查过程中发现的疑点和问题,通过调查和询问被查单位的相关人员,弄清事实真相,取得审查证据的一种方法,具体包括面询和函询两种。

面询法又称询问法,是由查账人员向被查单位有关人员当面征询意见、核实情况的一种查账方法,面询后应由查账人员和被询问人在询问记录上签字确认,明确责任。

函询法是指查账人员通过向有关单位发函来了解情况、取得证据的一种查账方法。

运用函询法需注意应亲自办理函件的封口、投递,及复函的接收等,以防被查单位人员或其他人员篡改。

7. 什么是观察法?

观察法是指对被查单位的生产经营管理工作、财产物资的保管情况、内部控制制度的执行情况等进行实地观察,以发现问题和线索的一种审查方法。

俗话说,百闻不如一见。被查单位介绍情况时,可能说的与实际情况大相径庭,所以对被查单位的情况介绍不能轻信,应该亲临现场观察。例如可以到被查单位的成品库、门卫、财会、销售等部门察看,从中了解产品销售的内部控制制度及执行情况。

8. 什么是鉴定法?

鉴定法是指对某些查账事项的检查所需要的技能超出了查账人员的业务能力,需聘请专业人员运用专业方法进行检测以获取查账证据的一种查账方法。

运用鉴定法不仅可以弥补查账人员取证能力的不足,同时可使获得的证据更具有效性,说服力更强。但在具体运用时要注意聘请的专家能否保持独立性,为人是否正直,是否具有较高信誉。在专家鉴定时不应将鉴定的意图以及查账中的某些情况向专家透露,以防影响专家的态度,从而影响证据的客观性。

9. 什么是分析法?

分析法是指通过对被查项目有关内容的对比与分析,从中找出项目之间的差异以及各项目的构成因素,以揭示其中是否有问题,从而为进一步查账提供线索的一种查账方法。

分析法按分析对象分为账户分析法和报表分析法。

账户分析法是对总分类账、明细分类账、日记账及备查账中的摘要、结余额、发生额、入账时间、账龄及对应关系等进行分析,以判断其账户记录及其所反映的经济活动是否正确、可靠的一种分析方法。例如将账户的对应科目相联系,可以分析是否存在不正常的关系;对往来账户、财产物资账户按其账龄进行分析,可以判断是否存在不正常的关系以及是否存在不合理占用情况等。

报表分析法是指对报表中相关项目进行对比分析,包括对绝对数和相对数的比较分析,从而判断报表编制是否存在问题,证实和评价报表所反映的财务状况、经营成果及现金流量变动情况的一种查账方法。如对报表中各项目的关系进行分析,可以确定报表编制是否正确;通过报表中相关项目的对比分析,可以证实被查单位有关指标的正确性,评价其偿还债务能力、获利能力以及资产营运能力。

分析法按其分析技术可分为:对比分析、因素分析、趋势分析和指数分析等方法。

以上查账方法虽然各具特色,但具体运用时,仅依靠个别方法并不能取得充分、适当的证据。在实际业务中,查账人员应紧紧围绕查账目标和查账对象的特点,正确选用相应的查账方法,将几种方法结合使用,取长补短,互为补充,共同完成取证工作。

第四节 查账常用技巧

在实施查账的过程中,正确地寻找切入点对于提高查账工作的效率具有重要的意义。但由于会计错弊具有不确定的特性,很难用一个通用的办法迅速找到会计错弊的问题所在。这就需要查账人员具有一定的经验和职业判断能力。我们将这些来自实践的查账经验总结为几条宝贵的查账技巧,这在查账实务中对于迅速找到切入点,提高查账业务的效率具有重要的意义。查账常用的技巧主要有以下几种:从异常数字中发现问题的方法;从异常业务往来单位中发现问题的方法;从账户之间异常对应关系发现问题的方法;从异常时间中发现问题的方法;从异常地点发现问题的方法;从有关人员异常生活变化中发现问题的方法;三查三找法;账外账检查法。

下面分别介绍这几种常用的查账技巧。

1. 如何从异常数字中发现问题?

从异常数字中发现问题的方法主要是根据企业或单位某一类型经济业务涉及金额或数量的正常变化范围,从中发现超过这一范围之外的特殊业务,作为检查的重点。寻查异常数据一般可从以下三方面着手:

(1)从数字价值的大小(金额大小)变化发现异常数字。每一类经济业务的发生在一定时期内都有一个正常的量的界线。

案例 2-1

> 某商贸公司2008年1—9月累计支出企业管理费15万元;上年同期为12万元;2008年年度计划支出数为15万~20万元。在管理人员、管理费上交标准和工程量没有大的增长变化的情况下,该企业2008年实际支出的企业管理费为30万元,这个数字,就是异常数据。而同时期支出在12万~15万元(20万元÷12×9个月)间,就是业务的正常量的界线。发现企业管理费异常数据这一疑点,然后再逐项检查该企业的企业管理费中各项具体支出的内容,就很容易查找出详细的疑点和具体的问题来。

(2)从数字的正负变化方面发现异常数据。有些数据有固定的变化方向,或为正数,或为负数,或有两种可能,但变化总有一定规律。

如材料按计划成本总分类核算时,采购材料实际成本与计划成本的差额,可能是正数(即超支差),也可能是负数(即节约差)。若检查某生产企业某种材料成本差异率上月为 -5%,本月变为5%,这就是异常数字,再进一步查证,就有可能发现在材料采购等环节的问题。

(3)从数据的精确度发现异常数字。会计核算的数据比财务计划的数据更为精确,但这种精确也有一定的规律。

如检查中发现一经理旅差费报销总金额为 5 692.25 元,出差地点是一大城市。这个数据粗看有整有零,但详细斟酌,破绽就出来了,车船票、住宿费和补助费一般不会出现以分为单位的零星金额,进一步查核,就很可能从住宿费用中发现问题。

2. 如何从异常业务往来单位中发现问题?

企业单位之间的经济联系广泛、复杂,有购销业务关系,也有其他往来关系,但就某一类经济业务而言,其业务是相对稳定的。如机床厂生产的机床,主要购入单位是各种机械加工厂和机电公司;棉纺厂生产的棉纱,主要销往各类棉织厂和床单厂。目前我国的经济体制改革不断深入,经济交往范围更加广泛,但总会有一定规律,很多经济业务往来只在一定范围、一定对象和一定时间中进行。由此,我们从异常业务往来单位发现问题也可从三个方面入手:

(1) 从购销单位的业务范围发现异常的购销单位。每一个经营实体均有一定的业务经营范围,若超出这一范围,就是应查证的疑点。如某副食品商店,其进货渠道主要是各副食品加工厂和副食品公司或批发部,若发现一张购货凭证是非经营或生产副食品单位开出的,明显出现经营业务范围与出具凭证单位异常情况,就是查账的疑点。

(2) 从购销单位和货款结算单位的矛盾发现疑点。如甲销售单位销售一批产品,付款单位是购货单位乙,结果实际付款单位是丙单位,且金额又不相符,这就是应查证的疑点。

(3) 从结算期限的长短发现疑点。正常经济业务的发生、往来与结算都具有一定的规律,若在往来账户中发现有的往来单位名称陌生,长期无业务往来,挂账数额又大,遇到此类情况,需要进一步查实,以确定是否存在虚列客户和呆账的情况。

3. 如何从账户之间异常对应关系发现问题?

任何一笔经济业务都会涉及两个或两个以上的账户,具体内容的变化需要在两个或两个以上的账户中进行全面的反映,形成账户对应关系,并在会计凭证中表现出来。而异常的账户对应关系则不能正确反映经济业务内容,查账人员可从凭证(主要是记账凭证)审核入手,发现异常账户的对应情况,就不难找出疑点,一般可从以下三方面入手:

(1)从资金运动的方向发现异常账户对应关系。每一项资金运动均有来龙去脉,因此每一个账户的借方或贷方均有一定的正常对应账户,若某生产企业的生产成本账户的贷方与银行存款账户的借方直接发生对应关系,则为异常,应进一步查实。

(2)从资金运动的来路发现异常账户对应关系。每笔业务都有来路和去向两个方面。如产成品入库业务,一方面产成品增加,这就是去向;另一方面生产费用减少,则是产成品的来路。若某企业产成品账户借方直接与银行存款或原材料账户贷方发生对应关系,这就不是产成品的正常来路。

(3)从没有原始凭证的应收、应付款的转账中发现异常的账户对应关系。这类方法主要针对弄虚作假、违反财经纪律的非合法性业务。如某企业虚列应收、应付款户头,转应收款套取现金,用应付款账户过渡截留利润。

4. 如何从异常时间中发现问题?

每项经济业务发生总有特定的时间,会计资料(原始凭证)对经济业务记录的时间应与业务发生相同。有些经济业务发生需经过一段完整的过程,但也有一个正常的期限,且相关经济业务发生时间也是有先后顺序的。检查时,若发现不符合规律的情况,应作为疑点。可以从以下三个方面入手:

(1)从经济业务发生的特定时间上发现异常时间。若相关会计凭证没有反映经济业务发生的时间,或者反映的特定时间与经济业务内容有明显矛盾,这就是疑点,需要查实。

如北京某电子生产企业查账时发现一张开票日期为12月25日的购买饮料发票,金额为35 000元,销售出据单位是该厂所辖的独立核算的劳动服务公司商店,从行业性质和时间上推导,该企业不属于高温生产作业单位,时近年终又处在冬季,怎么会大量购进饮料?进一步查证,很可能查出"小金库"和年终突击发钱的问题。

(2)从经济业务发生时间长短中发现疑点。在商品或材料采购过程中,会出现在途物资,根据供货单位的远近和所采用的运输工具的不同,可以测算出正常的物资在途期间,若超过这一期间,则为疑点。

(3)从结算时间上发现疑点。正常的债权债务关系由于经济合同规定的具体要求不同和选用结算方式不同,均有一定的结算期限,若发现有长期超期挂账的应收款或应付款,则应查明原因。

5.如何从异常地点发现问题?

每一笔业务均有发生地点,这些地点是否异常是根据业务的内容来判定的。如某电力设备厂向某边远山区县销售中小型电力设备,这笔业务内容与地点之间属于不正常逻辑关系,则是疑点,有继续查证的价值。发现异常地点一般采取两种方式:

(1)从距离远近发现异常地点。同一商品或材料有多种采购渠道,在其价格、质量、品种、规格相同的情况下,一般应就近采购,除非企业暂时无现款支付,附近供应部门不赊账,较远的地方可以赊销,才会舍近求远。但有些采购人员为了拉关系、吃回扣、行贿受贿、从中获利等,不惜损害国家和集体的利益,舍近而求远。对这种异常现象在检查中应密切注意并严格追查。

(2)从物资运动流向发现异常地点。一定经济业务的内容与市场需求和物资供应地点有密切联系。如从湖北派人到广东沿海一带大量采购大米和棉花,湖南派专人到北京采购菠萝,这都是异常业务,因为盛产大米、棉花的湖北省一般不可能到沿海一带购买大米和棉花;湖南省也不会产生紧临菠萝产地广东反而到北京购买的现象。进一步查证,有可能发现买空卖空或其他问题。

6.如何从有关人员异常生活变化中发现问题?

人是经济活动的主体,有问题或疑点账项的查证往往会落实到有关人员的身上。

（1）查证经济收入状况，认真分析被查人员的异常变化。如一个家庭或个人的经济耗费水平大大超过其正常收入水平，应作为异常变化疑点查清。

（2）从生活作风的突变认识被查人员的异常变化。大量实践证明，部分贪污等违法分子谋取暴利的目的是满足其腐化生活的需要，一旦非法所得得到后，其生活方式会逐渐变化，检查人员应通过调查座谈掌握这一线索，再进行查证必有收获。

7. 如何利用三查三找法？

对管理混乱、财务上建账不全、记录零乱的企事业单位，可采用三查三找法突破查账困境，具体内容是：

（1）查银行对账单，找钱款数量。当被查单位原始凭证残缺不全，只有现金日记账和银行存款日记账，甚至无日记账可查时，银行对账单就是唯一的银行存款收入、支出情况的完整记录。根据对账单，确定每笔银行存款收入的来路；对于支出的款项，可以查证支出的数量及具体去向是否合理合法。在经济案件查账中，犯罪团伙往往运用多单位户头转账方法，最后将得来的赃款转入本单位户头。查账时，只有用这种查账追踪方法，方能一查到底。

（2）查其他往来账，找业务关系对象。其他应收款和其他应付款账户往往是舞弊者掩盖舞弊事实，隐瞒各种收入或虚增支出的重点实施对象。如企业或单位将销售收入作为其他应付款入账，转移收入偷漏税收等。通过对往来账户的查证，既可以摸清舞弊者的舞弊手段，又可以查明资金的去向。

（3）查应收销货款和应付购货款，找款项的去路。企业在一定时期内的资金占用总额恒等于资金的来源总额，也就是资产等于负债与所有者权益之和。应收销货款是债权账户，它说明了流动资金的去向；应付购货款是债务账户，它说明流动资产中部分款项占用的来路。这些方向和来路是否正常，应在对具体经济业务的会计资料进行查证后，方能说明原委。

8. 如何利用账外账检查法？

账外账检查法是指对被查单位隐匿截留资金于账簿内容之外，形成企事业单位的"小金库"，或是为逃避会计监督，巧施手段进行账外交易等违法行为的检查方法。目前，实施"账外账"已成为相当一部分企事业单位截留收入、分散转移各种基金来建立"小金库"的一个较为普遍的违纪违法的手段。检查的方法关键是要抓住其主要来源和存在形式，如图 2-2 所示。

```
账外账检查法的重点检查内容
├─ (1) 以领代报、以借代报形成账外资金
├─ (2) 向非独立核算单位拨款，作减少应收款项或增加应付款项处理，形成账外资金
├─ (3) 用各种方式让利于附属单位形成账外资金
└─ (4) 直接截留企业收入不入账
```

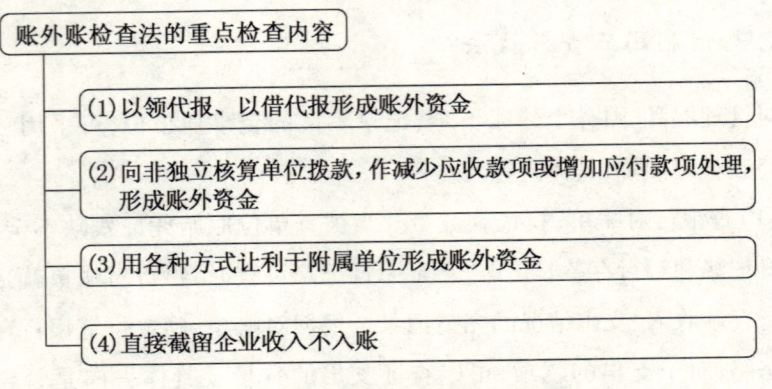

图 2-2　账外账检查法的重点检查内容

(1) 以领代报、以借代报形成账外资金。这类形式多见于各种专用基金的支用，作弊目的在于逃避对资金的监督。如某企业单位的各项专用基金由所属生活服务公司以某项目为名领出，将用后剩余部分变为账外资金，或者干脆巧立名目，制造账外资金。对这类问题检查要抓住会计上的特点，重点查证作报销凭证的领据借据和各种专用基金、费用、营业外支出等账户。

(2) 向非独立核算单位拨款，作减少应收款项或增加应付款项处理，形成账外资金。这种弊端常见于上下级单位之间，上级列作拨出，下级收款单位列作拨入，系统汇总报表中基金结存数并不减少；或者向核算网点拨款形成账外资金。会计上混淆基金缴拨与提取使用的界限。查账时应鉴别每笔拨款的受款单位是否为直属独立核算单位。

(3) 用各种方式让利于附属单位形成账外资金。作弊的目的是将截留收入变成集体单位利润或用于不正当支出。如某工厂以高于市价或议价购

入所属劳动服务公司等单位采购回来的平价或低于市价、议价的原材料,又将生产的紧俏商品降低价格给所属劳动服务公司等单位,由劳动服务公司等单位转手高价出售获利。会计上表现为该工厂发票所列价格异常,原材料购进价格高于市场和议价,产品售销价格低于该厂规定价格,所属单位购进原材料价格低于厂直接购进价,或所属单位商品销售价格大大高于厂价规定。这是查账的主要线索。

（4）直接截留企业收入不入账。如某公司设立技术咨询公司,实际不经营,而是专门截留企业收入。无论采取什么方式截留,都是以私分为目的,并且都在附属单位。因各种截留必须出具合法单据给对方,所以往往使用本企业的收据代替国家正规发票等,以达到截流收入不被发现的目的。

第三章 会计错弊概述

第一节 会计错误与会计舞弊

1. 怎样认定会计错弊?

会计错弊行为是查账活动中寻找的直接目标,它是会计错误和会计舞弊行为的合称。所谓会计错误是指会计人员或有关当事人在计算、记录、整理、制证及编表等会计工作或与会计有关的工作中,由于主客观原因所造成的行为过失;所谓会计舞弊是指会计人员或有关当事人为了获得不正当的经济利益而采用非法手段进行会计处理的一种不法行为。

2. 怎样区分会计错误与会计舞弊?

会计错误常常伴随着会计舞弊的产生而产生,如何识别会计错误与会计舞弊是查账人员要做的第一项工作。

(1)什么是会计错误?

会计错误是会计人员或有关当事人在进行计算、记录、整理、制证及编表等会计工作的过程中,由于主客观原因所造成的行为过失。

通常造成会计错误的主客观原因有以下几种:

①会计人员或有关当事人因不熟悉会计原理而造成的会计错误;

②会计人员或有关当事人因工作疏忽而造成的会计错误;

③会计人员或有关当事人因不了解会计制度、财经法规而造成的会计错误；

④由于企业制度不健全，会计处理程序混乱而造成的会计错误。

(2)什么是会计舞弊？

会计舞弊是指会计人员或有关当事人为窃取资财而采用非法手段进行会计处理的不法行为。

会计舞弊的情况通常有以下几种：

①某个会计人员或几个会计人员合谋，为达不良目的而进行非法的会计处理；

②部门负责人指使会计主管人员为个人或部门私利而进行非法的会计处理；

③单位职工或其他有关人员利用会计制度不健全而进行非法的会计处理。

(3)会计错误与会计舞弊的区别。

会计舞弊与会计错误有本质的不同，会计错误的当事人并无不良动机和企图；而会计舞弊的当事人却是抱着恶意的、不良的企图，并采用伪装、涂改和销毁等违法手段试图造成不良后果。

会计错误与会计舞弊都是与会计原则、会计目的相悖的，都不利于会计职能的充分发挥。这类问题发生后，都会造成会计资料之间或会计资料与实际经济活动的不符。但会计错误与会计舞弊有着本质的区别。尽管如此，二者之间并没有不可逾越的鸿沟。错误和舞弊在一定条件下可以相互转化。某些舞弊者也往往借错误之名行舞弊之实，即采取故意制造错误的手法达到不良企图。因此，在实际工作中，必须结合各种因素，正确区分错误和舞弊，恰当处理两种性质不同的错弊行为，以达到保护无辜者，惩治违法者的监督目的。会计错误与会计舞弊的主要区别见表3-1。

表 3-1　　　　　　　　会计错误与会计舞弊的主要区别

比较项目	会计错误	会计舞弊
(1)原因不同	错误形成的原因是客观的,是行为人不精通业务、技术和政策,不精心操作以及单位管理不善造成的	产生舞弊的原因,是行为人经不住物质利益和管理漏洞的诱惑,侥幸或故意为之所造成的
(2)手段不同	错误产生时行为人没有采取故意手段,错误发生后行为人也很少去实施掩盖手法	舞弊行为人在舞弊时就采取篡改凭证、重复报销等故意手段,舞弊后又往往实施销毁证据、转移钱物等掩盖手法,所有手段都是围绕着舞弊这个中心目的而策划和实施的
(3)形式不同	错误一般表现为原理性错误和技术性错误,错误形式比较明显,如借贷不平、书写错误等,可以通过正常业务程序得以自我校验并改正	舞弊在形式上则较为隐蔽,迹象不明,结果难查,一般通过正常业务程序难以发现和纠正,如开具虚假发票、虚列成本费用等,就比较隐蔽和难以查证
(4)目的不同	错误不是行为人故意所为,行为人也不以实现错误的结果为目的,即不以侵吞钱物、粉饰财务状况为目的	舞弊则恰恰相反,行为人正是为了实现舞弊的结果,如贪污公款、盗窃财物、提供虚假财务报表等,而筹划、制造和掩盖舞弊行为
(5)结果不同	错误是由于无意所为,因此,其结果在数值上可能是正数也可能是负数;在形式上可能是不影响核算内容的形式性错误,也可能是影响核算内容的实质性错误;此外,错误的数额一般较小,且不据为己有	舞弊的结果在数值上,若是侵吞财产一般表现是实物负差(财产短缺),若是粉饰财务状况则是账面正差(利润增加);在形式上,一般是对核算内容有影响的实质性错误;最重要的是,舞弊所形成的结果,总是使国家、集体或他人资财遭受损失,行为人或行为人所在单位获取非法所得或收益

3.常见的会计错误有哪些?

造成会计错误的原因很多,其中主要原因有:运用会计原理不当造成的错误;会计人员或有关当事人疏忽造成的错误;会计人员或有关当事人对有关会计及财经制度、法规不熟悉造成的错误;企业单位管理混乱、制度不健全造成的错误。

(1)运用会计原理不当造成的会计错误。会计原理是会计人员对企业经济业务进行会计处理的基本理论、基本方法和基本原则。运用会计原理不当造成的会计错误有:

①借贷原理不熟,造成借贷方向错误。

案例 3-1

> 某公司从银行取得银行贷款10万元,此笔贷款仍然存放在本企业在该银行开立的银行账户中。对于这笔业务,有些会计人员由于对借贷记账法中的"借"、"贷"符号理解不透,认为"借"就是银行对外借款,"贷"就是企业获得的贷款。因此,错误地将上述业务做成如下会计分录:
>
> 借:短期借款　　　　　　　　　　　　　　　　100 000
> 　　贷:银行存款　　　　　　　　　　　　　　100 000
>
> 正确的分录应该是:
>
> 借:银行存款　　　　　　　　　　　　　　　　100 000
> 　　贷:短期借款　　　　　　　　　　　　　　100 000

②会计处理基础运用不当,造成收入、费用、盈亏数字错误。

会计处理基础是确定企业单位一个会计期间的收入和费用,从而确定其损益的标准。会计处理基础一般有收付实现制和权责发生制。

《会计法》规定,为了正确划分并确定各个会计期间的财务成果,企业应以权责发生制作为记账的基础。行政事业单位(不包括实行企业化管理的事业单位)为了正确反映预算支出的执行情况,而且又不进行盈亏计算,可采用收付实现制作为记账的基础。

在一般情况下，企业在本期内收到的各种收入就是本期的收入；企业在本期内支付的各种费用，就是本期应当负担的费用。但是，由于企业生产经营活动的连续性和会计期间的人为划分，难免有一部分收入和费用出现收支期间和归属期间不一致的情况，因而账上所登记的本期内收到现款的收入，并不一定都属于本期内应该获得的，有的在以后的会计期间才能获得，出现预收收入。同样，本期内支付的费用，也并不一定都应当由本期负担，有的应由以后会计期间来负担，则出现预付费用。另一种情况是有些收入虽在本期尚未收到，但属于本期内应获得的收入，即应收收入。同样，有些费用在本期内虽然尚未支付，但应当由本期负担，称为应付费用。

会计人员在处理有关会计事项时，由于对权责发生制原则的运用不当，就可能发生把不属于本期的费用支出计入当期成本，或把当期费用支出延至下期的错误做法；也可能发生把不属于本期的销售计入本期，或把属于本期的销售延至下期的错误做法。

③违反了成本与收入配比的会计原则，混淆了资本性支出与收益性支出的界限。

成本与收入配比的会计原则，是指每期损益应根据当期已实现的收入与产生收入所耗费的成本配比而定。损益的确定，主要在于收入与费用的适当配比。如果某项收入根据应计基础应归属下期的收入，则与之有关的费用同样应为下期的费用。会计人员如果把应属于下期的费用在本期收入中减去，不仅会使本期损益的计算不正确，而且也将影响下期损益计算的正确性。因此，《企业会计准则》明确规定，会计核算应当严格划分收益性支出与资本性支出的界限，以正确计算当期损益。并且强调，凡支出的效益仅属于当期的，应作为收益性支出，如管理费用、销售费用、财务费用等，由当期实现的收入补偿；凡支出的效益属于几个会计期间的，应作为资本性支出，如购建固定资产、从事科研开发发生的费用等，应采取折旧、摊销等方式，从以后各期实现的收入中逐步收回。

(2) 由于工作疏忽或责任心不强造成的会计错误。

一个工作认真、责任心较强的会计人员，尽管可能业务水平不高、工作经验少，但工作兢兢业业，认真细致，不怕烦，不怕累，当天的事当天完，即使出现差错，也能在当天或第二天及时发现解决处理，不会因为待处理业务的积压而积累更多的错误，使问题难于查清。加上他不断地钻研，认真地学习，业务水平会逐渐提高，经验会不断丰富，出现的差错也就会越来越少。相反，一个有一定业务水平的会计人员，如果不负责任，工作不上心，马马虎虎，对发生的经济业务不及时处理，也很难保证不出差错。由此而造成的会计错误主要有：

①数字计算错误。会计人员常用的计算手段一般有算盘、计算器和笔算等。计算的错误有会计凭证、账簿、报表中的数字计算错误，各种费用分配表中分配率、分配金额的计算错误。常见的计算错误大都是加、减、乘、除计算时发生的，其原因不是因为没有掌握这些方法，而是因为疏忽；再就是因为计算量太大，往往又集中在月终与月初，难免发生一定的计算错误。根据错误发生的时间，此类计算错误可以分为入账前的计算错误和入账后的计算错误。前者如销货发票上的货物数量、单价不正确，造成小计金额错误，但不影响账目的平衡，因此不易查出；后者如账簿记录合计数的错误，则会影响账目的平衡，在工作中可自动发现。

②数字书写错误。数字书写错误就是指单纯的笔误，即会计人员在填制会计凭证、登记各种账簿和编制所有报表时，写错了数字。其错误有数字颠倒、数字错位、错写和惯性错误等类型。

数字颠倒错误：所谓数字颠倒，就是把一列数字中的相邻两位数字或隔位的两位数字写颠倒了。例如，把36写成63，把3 310写成3 301，把25 039写成23 059等。

凡颠倒数以后，不论其状态怎样，颠倒后的数同本来数的差数，都可以被9整除，且其商数必是被颠倒的两位数字之差。如将47错写成74，数值之差为27，被9整除后得商数3，即颠倒数7与4的差。与此类似的数还有将14写成41，将52写成25，将36写成63，将58写成85，将69写成96等，它们的数值之差都是27，其颠倒数个位数与十位数字的差必然都是3。如果商数是30，则是十位数字与百位数字被颠倒了，其余依此类推。

数字错位错误:所谓数字错位,就是把一列数字的位数,即个位、十位、百位等提前或挪后一位。例如,把 100 写成 10,或写成 1 000。此种错误经常在珠算定位时出现,或者会计人员疏忽造成(如将 12.00 看成 1 200)。由于位数的差错,使正确的数字减少了 90%,或者增加了 9 的倍数。因此,正、误数字之差能用 9 除尽。假设移一位,其差错数可以被 9 除尽,若移两位,则差数可被 99 除尽,其余依此原理类推。由于数字错位是提前或挪后一位,所以,可在账内查找所得的那个商数,如果有此数,即为记错的数额,将此数扩大 10 倍,就是应该记的正确数字;如果账内有此数的 10 倍数,则账上的数字就是记错了的数,再把账上的数字缩小为 10%,则此数就是应该记的正确的数字。

写错数字的错误:所谓写错数字,就是由于错觉或疏忽,将某一个数字写成另一个数字。这种写错数字的错误,可以根据原始资料或有关记录来查证。另外一种写错数字是误将相似的数字写错。

例如,把 1 误写为 7,把 7 误写为 9,把 3 误写为 8,把 4 误写为 9,或者正好相反。这样就会出现 6、2、5、5、等差数,或 6、2、5、5 的十倍数、百倍数,我们可以根据产生这个差数的数字来查证错误之所在。

③记错账户错误。记错账户,就是把本来应该记到甲账户的业务记入乙账户,这种错误有三种情况:

记账凭证没有错误,但在登记账簿时,没有记入应记的账户内,而误记入其他账户。这种记账错误,一般多发生在明细分类账中,因为总分账是根据记账凭证汇总表或科目汇总表登记的,每月登记业务笔数相对较少,发生错误的几率也相对较小,即使发生错误,查找也较方便。这种错误将使总分类账中有两个账户的本期发生额与其所属的明细分类账发生额不等,其差数即为记错账户的数字。当通过查对,在某个明细账中找到这个数字,就说明该账户多记了这笔账,另一明细账户少记了这笔账(为了慎重起见,最好根据这笔账的凭证号数去查找记账凭证,以确认是否记错了账户)。

记账凭证没有错误,在登记账簿时,登错了栏次。即记反了方向,本该记借方的,误记贷方,或者相反。这种错误的结果是账户的一方合计数增加,另一方合计数减少,使得该账户变动前后的借贷双方都产生了差错。这两个差错的差,正好是记错方向的数字的 2 倍。

记账凭证的账户对应关系发生错误,致使总分类账户发生相应的错误。这种错账,如果总分类账和记账凭证登记一致,不影响账目的平衡关系,所以不易被发现。

④重复记账或漏记错误。就是在登记账簿时,将记账凭证的双方重复登记或漏记;或者只登记一方,重复登记或漏记另一方,前者重复记账或漏记,不影响账目的平衡关系,在试算表上无从发现,因此,这种错误较难查找,需根据原始凭证或有关账目加以详细查核,才能发现错误所在。后者部分重复登记或漏记,将影响账目的平衡关系,在试算平衡时,很容易被发现。

(3)由于对有关的会计及财经制度、法规不熟悉造成的会计错误。新的会计制度和财务制度及法规颁布后,会计人员未及时学习,仍按原有制度法规处理有关会计事项,就会造成错误;对有关制度法规的精神吃得不透,理解有出入,在执行中也会产生偏差。比如,劳动保险费,新制度实施以前,计入营业外支出;新制度实施以后,要求计入管理费用。不理解这一点,必然会出现错误。再有,对于有关的税务法规,如果吃不透,搞错了应税产品的品种及税率,必然造成税金计算的不正确。

(4)由于管理混乱、制度不健全造成的会计错误。单位财会部门、物资供销保管部门、物资使用部门之间若在管理制度与工作程序上不配套、不协调,往往会造成会计账证、账账、账实不符的账目错误。如有的单位在材料领用手续上,不是根据生产任务制定用料计划,再根据用料计划和生产进度填制领料凭证,经生产班组、车间签证后到仓库领料,而是随意领发材料,既没有科学的手续程序作保证,也没有部门之间、人员之间的互相牵制,这种情况必然会造成材料及生产成本账证、账账、账实不符的问题。又如某单位会计部门由于在会计凭证传递程序上没有做出统一、合理的规定,则会造成会计凭证传递速度慢以至丢失会计凭证的情况,从而影响正常经济业务的记录。

在生产过程中,由于企业管理混乱,生产计划不周密,产品成本无目标,材料耗用无定额，工时消耗无记录或记录不准不全，半成品转移交接手续不严，也必然引起成本费用计算、核算错误。

4. 哪些人工作中会产生会计错弊？

尽管从字面上来看称为会计错弊，但会计错弊行为也不全是会计人员所为，在企业中，下列人员均有可能实施或者参与会计错弊行为：

（1）会计人员。会计人员是会计核算与管理活动的主体，直接且经常参与会计工作或活动。某个会计人员或几个会计人员合谋，为达到不良目的而进行非法的会计处理。如涂改发票、伪造单据、利用非本单位业务凭证进行欺骗、虚报费用，或在现金日记账上虚增、虚减合计数，窃取库存现金。

（2）会计人员和单位领导。单位领导人员指使会计主管人员、会计人员或与这些人员共谋，为了偷漏税款、损害国家利益进行非法的会计处理。而受指使的会计人员未向主管部门或审计机关反映详情，这时的行为人便是受指使的会计人员和单位领导。受指使的会计人员和单位领导同样负有法律责任。

（3）受指使的会计人员。若会计人员向主管部门和审计机关反映了单位领导的非法意图，这时行为人是单位领导，单位领导负法律责任，受指使的会计人员不负法律责任。

（4）单位职工或其他有关人员。为窃取国家财产或集体资财，利用单位内部管理制度不健全而造成会计处理不合法，这时会计错弊的行为人是单位职工或其他有关人员。如单位的采购员利用会计部门内部管理制度不健全虚报多报、重报差旅费。

5. 会计错弊的特点是什么？

随着社会经济的发展，会计错弊行为呈现出以下的特点（见图3-1）：

（1）多样化。如随意计提坏账准备金，未对资本金予以保全，未按规定进行产品成本与销售成本计算等；再如对于营业外支出，既存在过去虚列多列等问题，也存在将有关违反税法支付的滞纳金、罚款列入营业外支出后，

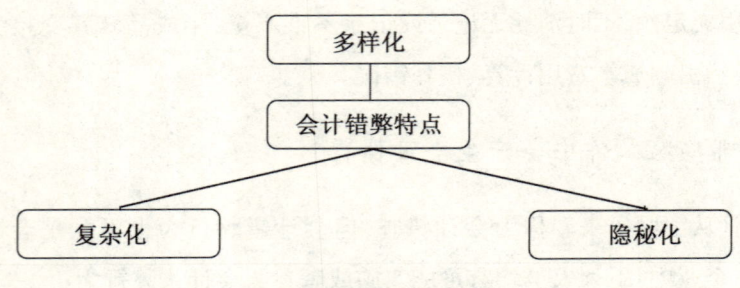

```
            多样化
              |
         会计错弊特点
         /          \
      复杂化         隐秘化
```

图 3-1　会计错弊的特点

在计缴所得税时,未将其计入应税所得的问题等。

(2)复杂化。我国实施新的会计与税务制度,在一定程度上有利于与国际惯例接轨,其总体效果是减少了国家以行政手段对会计工作及其所反映的经济活动的管理,增强了企业与会计主体自我会计设计与管理的能力与机会。应该说,这是科学合理的。但是,也应该看到与预测到,在我国目前会计与税制尚未完全与国际接轨的背景下,企业与会计主体自我会计设计与管理机会的增加从一定意义上讲也促成了制造会计错弊的动机与机会。这样,在缺乏外部强有力制约的情况下,加之上述会计错弊呈多样化特征,就使得会计错弊更趋复杂化。

(3)隐秘化。隐秘,是会计错弊固有的特征。在会计错弊趋于多样化与复杂化后,这种固有的特征也就更加明显了。

第二节　导致会计错弊的原因及危害

1. 导致会计错弊的原因有哪些?

(1)导致会计错弊的主观因素。

①由于会计人员或有关当事人不熟悉会计原理。会计原理是会计人员处理会计业务的基本理论、基本方法和基本原则。会计人员若是生手,工作

起初对此不甚熟悉就会造成会计错误。

②由于会计人员或有关当事人工作疏忽。会计人员或有关当事人工作粗心、责任心不强也会造成会计错误。如会计凭证上的有关数字计算错误，账户记串、记重等会计错误，其形成原因并不是当事人不懂业务，而是由于其工作粗心和疏忽所致。

③由于会计人员或有关当事人不了解有关会计制度及有关财经法规。会计人员必须按照会计制度和财经法规对本单位、本部门的经济活动进行核算与监督。如果会计人员对国家的会计制度和财经法规不熟悉、不了解，就会造成会计错误。如新的会计制度和法规颁布后，会计人员未及时学习和掌握，在工作中就会出现执行已废止了的会计制度和法规的会计错误；对新的会计制度和法规理解不准，在执行中也必然会出现偏差，形成会计错误。

④由于企业或单位的管理混乱，制度不健全。单位或企业财会部门、物资保管部门与使用部门之间若在工作程序与管理制度上不配套、不协调，就会造成有关账证、证证、账账、账实等不符。如有的单位在材料领用手续上，不是根据生产任务制定用料计划，然后根据用料计划和生产进度制领料凭证，经生产班组、车间签证后到仓库领料，而是随意领发材料，缺乏部门、人员之间的控制手续。这样就会造成材料及成本账证、账账、账实不符的问题。可见客观环境是造成会计错误的重要原因之一，但有些会计错弊是以上述客观环境或原因为遁词或挡箭牌而出现的，如利用单位管理混乱、制度不健全而故意多报销费用，或以自己不了解新颁布的会计制度为借口，故意进行不合规定的会计处理等。

（2）导致会计错弊的客观原因。

①具有制造会计错弊的外部的客观环境和条件。这种客观环境可以从两方面分析：一方面是大环境，主要是国家缺乏强有力的宏观经济调控机制，经济监督系统不完善，存在执法不严、执法犯法的问题。例如，目前，审计监督与财政、银行、税务等经济监督形式存在诸多不协调、不一致的问题，存在对经济活动要么重复监督、要么无人监督的现象，没有形成以审计监督

为中心的健全有效的经济监督系统;在经济监督过程中,审计或其他专业经济监督形式的监督人员执法不严,甚至执法犯法,为企业或单位制造会计错弊提供了大环境。社会上的不良风气,也为有关人员贪污、挥霍公款而产生会计错弊制造了氛围。另一方面是小环境,主要是从某一单位或部门的角度讲,在其内部存在着管理混乱、内部控制系统不健全等问题,如企业或单位的会计基础工作薄弱,未按规定建立健全内部审计等经济监督机构,在职工中未经常地、正确地进行经济法制教育,致使单位职工缺乏法制观念等,所有这些都为有关行为人制造会计错弊提供了可乘之机。

②具有制造会计错弊的不良动机或企图。有关人员制造会计错弊尽管需要有客观环境和条件,但根本原因还是其内部行为动机或企图。一些单位的领导、会计或其他职工本位主义、小集团思想、私欲观念严重,法制观念淡薄,只想着本单位、本企业及个人的利益和名誉,不惜巧取豪夺国家和集体的利益,弄虚作假,化大公为小公,甚至损公肥私。

这些都是会计错弊形成的根源,因为会计错弊作为一种违纪的表现形态是自古就有的,可以说是随着会计的产生而产生,伴着会计的发展而变化并趋于复杂,而且会计错弊还会随着会计的不断发展与科学程度的提高而越来越多样化、隐秘化与复杂化。会计错弊的这种变化的特征都是与社会、经济、政治等制度相关联的。伴随社会发展与进步的阴影——私欲,只有表现形式与程度上的不同,但并不能得到消除,这种情形在会计上的表现就是制造会计错弊,以达到满足私欲的目的。

2. 会计错弊的危害有哪些?

(1)会计错误的危害。

会计错误发生后,会造成会计核算信息的失真,影响会计职能与作用的充分发挥。

(2)会计舞弊的危害。

会计舞弊发生后,其危害往往是比较严重的,主要表现为:

①使国家或集体资财蒙受损失;

②扰乱社会主义市场经济秩序；

③造成会计核算资料不真实；

④对单位职工以至整个社会造成不良影响。

3.哪些会计业务容易产生会计错弊？

会计错弊会给企业造成巨大损失,然而会计错弊在企业的任何一笔交易、任何一个交易环节都有可能发生。主要包括:会计凭证、会计账簿的错弊;货币资金业务的错弊;存货业务的错弊;固定资产业务的错弊;无形资产、递延资产的错弊;应收款项的错弊;负债项目的错弊;所有者权益的错弊;成本费用业务的错弊;利润及利润分配业务的错弊;会计报表的错弊等等。下一章开始分别介绍具体的错弊手段及其查证方法。

第四章 针对会计凭证及会计账簿常见错弊的查证

第一节 会计凭证及其常见错弊概述

1. 什么是会计凭证?

会计凭证是记录经济业务发生和完成情况的书面证明,也是登记账簿的依据。

任何单位在处理任何经济业务时,都必须由执行和完成该项经济业务的有关人员从单位外部取得或自行填制有关凭证,以书面形式记录和证明所发生经济业务的性质、内容、数量、金额等,并在凭证上签名或盖章,以对经济业务的合法性和凭证的真实性、完整性负责。任何会计凭证都必须经过有关人员的严格审核并确认无误后,才能作为记账的依据。合法地取得、正确地填制和审核会计凭证,是会计核算的基本方法之一,也是会计核算工作的起点,在会计核算中具有重要意义。

会计凭证按照编制的程序和用途不同,分为原始凭证和记账凭证两类。

原始凭证又称单据,是在经济业务发生或完成时取得或填制的,用以记录或证明经济业务的发生或完成情况的原始凭据。原始凭证是会计核算的原始资料和重要依据。

记账凭证是会计人员根据审核无误的原始凭证,按照经济业务的内容加以归类,并据以确定会计分录后所填制的会计凭证,它是登记账簿的直接依据。记账凭证又称为记账凭单,它根据复式记账法的基本原理,确定了应借、应贷的会计科目及其金额,将原始凭证中的一般数据转化为会计语言,是介于原始凭证与账簿之间的中间环节,是登记明细分类账户和总分类账户的依据。

2. 设置会计凭证的意义是什么?

(1)记录经济业务,提供记账依据。会计凭证是登记账簿的依据,会计凭证所记录有关信息是否真实、可靠、及时,对于能否保证会计信息质量具有至关重要的影响。

(2)明确经济责任,强化内部控制。任何会计凭证除记录有关经济业务的基本内容外,还必须由有关部门和人员签章,对会计凭证所记录经济业务的真实性、完整性、合法性负责,以防止舞弊行为,强化内部控制。

(3)监督经济活动,控制经济运行。通过对会计凭证的审核,可以查明每一项经济业务是否符合国家有关法律、法规、制度规定,是否符合计划、预算进度,是否有违法乱纪、铺张浪费行为等。对于查出的问题,应积极采取措施予以纠正,实现对经济活动的事中控制,保证经济活动健康运行。

3. 原始凭证常见错弊形式有哪些?

(1)会计错误。

无论是自制原始凭证还是外来原始凭证,由于工作的疏忽,可能会发生一些错误。主要错误是把原始凭证中各项内容错记或漏记,主要表现在:

①凭证名称。无论是自制原始凭证还是外来原始凭证,都应有其名称,如"发货票"、"借款单"、"工资表"、"科目汇总表"等。各凭证名称应与其反映、记载的经济活动一致。但有的原始凭证无名称,有的虽有名称但不够简明、确切,更主要的是有的凭证名称与所反映的经济业务内容不相符。

● 原始凭证无名称,如有的单位在计算已销售商品进销差价的原始资料上未附"已销商品进销差价计算单",反映某转账业务的原始凭证也未标明名称。

- 有的原始凭证虽有名称但不简明、确切,如有的证明或说明材料的名称不够简明或准确。
- 较普遍的是有些凭证其名称与所反映的经济活动内容不相符,表现为有关单位或个人的舞弊行为。如有的采购员利用单位内部会计控制系统不健全的机会,在报销差旅费时将自己支付托儿所伙食费收据、私人购书发票等一起报销,这样,就造成反映托儿所伙食费支付的"收据"和私人购书"发票"的名称与采购员出差的经济业务不相符。又如,有的单位的原始凭证的名称是"发票",但反映的却是"收据"所反映的业务;名称是"收据",但反映的却是"发票"所能反映的业务。

②数字书写。阿拉伯数字书写潦草,难以辨认;合计金额前未加人民币符号;大写金额字迹飞舞,"整"字该写的未写,不该写的却写了;大写金额前未注明"人民币"字样,且留有空余,易被人在此和相应阿拉伯数字前添加数字,达到贪污目的。

- 阿拉伯数字书面潦草,难以辨认;
- 在阿拉伯金额数字前面未写人民币符号;
- 有的阿拉伯金额应在角分位用"00"或"—"代替的而未填写;
- 汉字金额大写字迹潦草,自造简化字;
- 应在大写金额后写"整"或"正"字的没有写,而不应写的却写了。

③原始凭证编号。原始凭证一般应按照一定的标准或顺序编号。在实际工作中存在着原始凭证无编号、编号不连续、编号连续但不符合经济业务实际情况的错弊。

- 会计凭证无编号;
- 编号不连续;
- 编号虽连续但不符合经济业务实际情况。

④原始凭证摘要。原始凭证摘要是原始凭证中经济业务内容的简要说明,既可简明扼要地反映经济活动,又可起到会计监督和控制作用,是原始凭证中一项必不可少的内容和形式。常出现的问题是未填写摘要,或摘要

过于简单,不能说明经济业务具体情况。

- 未填写摘要;
- 摘要填写过于简单,不能说明经济业务的具体情况,如有的单位在退货的红字发票摘要中只填写"退货",这样,就没有说清楚退货的理由及退货的单位;
- 说明过于复杂,不简明扼要,失去了摘要的特点;
- 摘要中的用语或用词不准确,不能恰如其分地反映经济活动;
- 会计凭证中的摘要未如实填写。

⑤原始凭证日期。原始凭证日期能反映经济业务发生的时间,同时起到监督、控制作用。有的凭证未填日期,如支票的有效期为 10 天,签发时若不填日期,就无法起到控制作用;有的凭证所写日期与实际情况不符,如远期支票。

- 未写日期;
- 有关会计凭证中的日期不符;
- 所写的日期与实际情况不相符。

⑥原始凭证汇总。在经济业务处理中,有许多需要将原始凭证汇总的情况。汇总中可能出现重汇、漏汇现象,如多汇付款凭证、少汇收款凭证等。

- 汇总不准确。
- 以汇总原始凭证代替记账凭证时,汇总原始凭证上不具备记账凭证应有的全部项目。
- 有关人员在汇总记账凭证时进行贪污舞弊。

⑦原始凭证签章。有的原始凭证签章不全;有的签章是伪造的,没有进行鉴别。

原始凭证中的会计错误虽然不是故意行为,但其危害很大,如原始凭证中的印鉴错误会使单位财务人员对其真实性和合法性产生怀疑;原始凭证中的金额、计量单位错误会导致多付或少付货币;错误的日期会影响该项业务的正确归属期。

(2)会计舞弊。

原始凭证会计舞弊是指篡改、伪造、窃取、不如实填写原始凭证,或利用旧、废原始凭证来将个人费用伪装为单位的日常开支,借以达到损公肥私的目的。舞弊虽然手段各异,但在原始凭证上的舞弊无外乎篡改、伪造。

如某企业领导通过篡改凭证接受人将自己子女上学的费用作为企业的职工培训费入账;某秘书从不法分子手中购得假空白发票填制后到厂里报销入账;还有人在复写纸下垫一张白纸,使原始凭证的正、副联的数字内容不一致。

了解会计舞弊的目的和手段,也促使我们要学会查账技巧,提高查账水平。

4. 记账凭证常见错弊形式有哪些？

（1）会计错误。

记账凭证在编写过程中,由于各种原因可能发生的会计错误主要如下：

①基本要素不全或填写不完整。如日期不写或写错,摘要过于简单或用语不准确等。

②科目运用错误。即没有正确运用有关会计科目,内容错误（如将销售费用列入管理费用之中等）、对应关系及方向错误（将科目借方与贷方关系列错或写反,出现多借多贷或者其他对应关系不明的现象）等。

③记账凭证无编号或者编号错误。无编号是指对记账凭证没有按序编号,使得各月份凭证难以辨别顺序;编号错误指虽然存在原始凭证编号,但所排列的顺序混乱,难以了解其相互关系。

④附件数量和金额错误。记账凭证所附的原始凭证的张数和内容与记账凭证不符,或者各张原始凭证所记金额的合计数与记账凭证记录金额不符。

⑤印鉴错误。对已入账记账凭证未加盖有关印章,或者加盖不全;记账凭证中没有记账、审核等人员的签章。

（2）会计舞弊。

记账凭证中可能发生的会计舞弊主要如下：

①"假账真做"。"假账真做"是指无原始凭证而以行为人的意志凭空填制记账凭证,或在填制记账凭证时,让其金额与原始凭证不符,并将原始凭证与记账凭证不符的凭证混杂于众多凭证之中。

如某企业财会人员王某,借工作之便,将许多发票(如出租车收据、吃饭发票等)积累起来集中填制一张记账凭证,并使记账凭证中的金额大于原始凭证的汇总数,每次相差数额并不大,但通过多次运用类似的手法,竟从企业拿走三万多元入了自己的腰包。

②"真账假做"。"真账假做"是舞弊者故意错用会计科目或忽略某些业务中涉及的中间科目,来混淆记账凭证对应关系,打乱查阅人的视线。

如某企业财会人员李某,利用实际支付款项时取得的银行结算凭证和有关付款凭证,分别登记银行存款日记账,让一笔支付业务两次报账,再利用账户余额平衡原理,采取提现不入账的手法据为己有。

③"障眼法"。"障眼法"是对记账凭证的摘要栏进行略写或错写,使人看不清经济业务的本来面目。舞弊者采用这种手法使记账凭证的摘要往往与原始凭证所反映的真实经济业务不符,或摘要空出不写,或者粗粗写上让人不得要领的几个字,以达到掩饰和弄虚作假的目的。

如某企业因私设小金库而被查处,该厂领导吸取"经验教训",认为以货币形式设置"小金库"容易引起查账人员的注意,而以实物形式存在的"小金库"则不那么引人注目,于是自1999年始以购买材料的名义,以乱计成本费用等方式,购买金卡、金币、邮票等有保值和增值潜力的商品70余万元,并将之置于账外。其具体操作过程是:原始凭证不开品名,在填制记账凭证时统称为购料,购买办公用品后记入制造费用、管理费用或销售费用等科目,再将未入账的财物私分。

④"暗渡陈仓"。"暗渡陈仓"是指混淆记账凭证对应关系,使不合法的原始凭证堂而皇之地正常入账。根据复式记账法的基本法则,每一笔经济业务都要在两个或以上的账户平行登记,平行登记后借贷方账户之间存在着一定的对应关系。"暗渡陈仓"的作假手法就是使这种对应关系模糊起来,以掩饰或遮人耳目。

如某小规模纳税人用现金5万元支付了一笔材料采购款,如据实反映其经济业务应借记"原材料"科目,贷记"库存现金"科目,但这无疑是不打自招,将其违纪活动暴露于光天化日之下,于是作假者就要设法将其"过滤"入账,要将材料与现金的对应关系改动,使之成为材料与银行存款的关系,即将不正常的对应关系变为正常。

除此之外,记账凭证的舞弊还可能出现涂改、凭证摘要编写含糊、会计科目对应关系不清等,在审查中应充分运用查账技巧,发现问题,查明事实真相。

第二节 会计凭证常见错弊的查证

1. 会计凭证名称方面的错弊如何查证?

审阅、审核会计凭证。如属会计错误,只需通过审阅会计凭证的名称便可发现问题;如属会计舞弊,则需在审阅凭证名称发现疑点后进行名称与所反映经济业务内容的分析、比较,进行原始凭证与记账凭证或原始凭证之间的核对。

2. 会计凭证数字书写方面的错弊如何查证?

(1)审阅会计凭证或有重点地抽出一部分会计凭证进行审阅,看其在数字书写上是否符合规定;如有不符合规范之处,应对其进一步查证。

(2)若是一般性的会计错误,通过向有关当事人(如制证人员)调查询问便可;若是会计舞弊,还应通过进行账证、证证、账实等方面的核对,对有关问题进行鉴定、分析。

(3)对于在数字前后添加数字进行贪污的问题,需要对所发现的有添加数字的痕迹进行技术鉴定。

3. 会计凭证编号方面的错弊如何查证？

（1）确定号码应连续的会计凭证的范围。

（2）根据查账工作需要或工作计划，将应号码连续的会计凭证找出、检查，核对其有无编号、编号是否连续。

（3）注意查找在不同时间接受某单位的若干张号码连续的有关原始凭证。

4. 会计凭证摘要方面的错弊如何查证？

（1）审阅会计凭证中的数量、单价、金额及其他有关内容，检查其摘要的填示是否简明、扼要、清楚，有无过于简单或过于复杂的问题。

（2）审阅会计凭证中的"摘要"栏，了解其有无未填列摘要的情况。若有，应对过去一年（或更长时间）的会计凭证进行详细审阅，找出所有的未列示摘要的会计凭证，然后，对这类凭证进行账证、证证、账实核对，调查询问有关情况，结合凭证中其他内容进行综合分析，以查明这类凭证所反映的经济业务是否真实、正确，未写摘要是会计舞弊行为还是工作马虎、内控制度不健全所致。

（3）根据会计凭证上所注明的填制单位、日期、凭证名称及其他内容，分析判断凭证上的摘要内容与实际经济业务是否相符。

5. 会计凭证日期方面的错弊如何查证？

运用审阅法和核对法，检查会计凭证中有无制证或签发日期，所标日期与实际情况是否相符，有关会计凭证中的日期是否相符、衔接一致。

6. 会计凭证汇总方面的错弊如何查证？

（1）运用审阅法，检查汇总会计凭证的项目是否齐全。

（2）运用复核法和核对法，检查汇总会计凭证上的金额及其他有关项目与所依据的原始凭证或记账凭证上的金额及其他有关项目是否相符。

（3）对于多汇总和少汇总的会计错弊，应重视审阅、核对、复核收款凭证和付款凭证及其所附的原始凭证。

7. 会计凭证格式方面的错弊如何查证？

（1）分析研究本单位的会计核算与管理对会计凭证格式的要求。

（2）针对本单位实际情况设计、运用会计凭证的格式，查核确定问题存在与否及其具体形态。

第三节　会计账簿的错弊情况认定及查证

1. 什么是会计账簿？

会计账簿是以会计凭证为依据登记，用来全面、系统、连续和分类地记录和反映经济业务的簿籍。企事业单位会计核算的大量工作集中反映在会计账簿之中，会计账簿的质量取决于会计凭证的质量，而会计报表是根据会计账簿上的信息来编制的，因此，会计账簿又决定了报表的质量。对会计账簿进行分析检查对于保证会计信息的质量，考核被查单位会计工作的水平，查证企业经营活动中的会计错弊，以及对凭证和报表检查分析都具有十分重要的意义。

会计账簿由封面、扉页和账页组成，每一账页又由账户名称、日期栏、凭证种类及号数栏、摘要栏、金额栏、页码等要素组成。

账簿可以按其用途、账页格式和外型特征等不同标准进行分类。最常见的分类方法是按账簿用途的不同，将账簿划分为序时账簿、分类账簿和备查账簿三类。

（1）序时账簿。序时账簿又称日记账，它是按照经济业务发生或完成时间的先后顺序逐日逐笔进行登记的账簿。序时账簿可以用来核算和监督某一类型经济业务或全部经济业务的发生或完成情况。用来记录全部业务的日记账称为普通日记账；用来记录某一类型经济业务的日记账称为特种日记账，如记录现金收付业务及其结存情况的现金日记账，记录银行存款收付业务及其结存情况的银行存款日记账，以及专门记录转账业务的转账日记账。在我国，大多数企业一般只设现金日记账和银行存款日记账，而不设置转账日记账和普通日记账。

（2）分类账簿。分类账簿是对全部经济业务按照会计要素的具体类别而设置的分类账户进行登记的账簿。按照总分类账户分类登记经济业务的是总分类账簿，简称总账。按照明细分类账户分类登记经济业务的是明细分类账簿，简称明细账。总分类账提供总括的会计信息，明细分类账提供详细的会计信息，二者相辅相成，互为补充。

（3）备查账簿。备查账簿（或称辅助登记簿），简称备查簿，是对某些在序时账簿和分类账簿等主要账簿中都不予登记或登记不够详细的经济业务进行补充登记时使用的账簿。例如，租入固定资产备查簿，是用来登记那些以经营租赁方式租入、不属于本企业财产、不能记入本企业固定资产账户的机器设备；应收票据贴现备查簿是用来登记本企业已经贴现的应收票据，由于尚存在着票据付款人到期不能支付票据款项而使本企业产生连带责任的可能性（即负有支付票据款项的连带义务），而这些应收票据已不能在企业的序时账簿或分类账簿中反映，所以要备查登记。

2. 设置会计账簿的意义是什么？

（1）通过账簿的设置和登记，记载、存储会计信息。将会计凭证所记录的经济业务——记入有关账簿，可以全面反映会计主体在一定时期内所发生的各项资金运动，存储所需要的各项会计信息。

（2）通过账簿的设置和登记，分类、汇总会计信息。账簿由不同的相互关联的账户所构成。通过账簿记录，一方面可以分门别类地反映各项会计信息，提供一定时期内经济活动的详细情况；另一方面可以通过发生额、余额计算，提供各方面所需要的总括会计信息，反映财务状况及经营成果的综合价值指标。

（3）通过账簿的设置和登记，检查、校正会计信息。账簿记录是对会计凭证信息的进一步整理。如在永续盘存制下，通过有关盘存账户余额与实际盘点或核查结果的核对，可以确认财产的盘盈或盘亏，并根据实际结存数额调整账簿记录，做到账实相符，提供真实、可靠的会计信息。

（4）通过账簿的设置和登记，编报、输出会计信息。为了反映一定日期的财务状况及一定时期的经营成果，应定期进行结账工作和有关账簿之间的核对工作，计算出本期发生额和余额，据以编制会计报表，向有关各方提供所需要的会计信息。

需指出的是，账簿与账户有着十分密切的联系。账户是根据会计科目开设的，账户存在于账簿之中，账簿中的每一账页就是账户的存在形式和载体，没有账簿，账户就无法存在。然而，账簿只是一个外在形式，账户才是它的真实内容。账簿序时、分类地记载经济业务，是在个别账户中完成的。因此也可以说，账簿是由若干账页组成的一个整体，而开设于账页上的账户则是这个整体中的个别部分，所以，账簿与账户的关系，是形式和内容的关系。

3.会计账簿常见错弊形式有哪些？

（1）会计错误。

会计账簿中常见错误主要是由于工作疏忽或业务不熟，在设置、启用和登记账簿时造成的错误，也可能由于会计凭证的错误产生的连带错误，或凭证无误，但登记账簿时眼误、手误或计算错误而产生的错误。

（2）会计舞弊。

①无据记账，凭空记账。在会计账簿中所列的业务不是根据经审核无误的原始凭证填制记账凭证并逐笔登录的，而是会计人员凭空捏造出来的，或者在合法的凭证中插入一些不合法的业务内容据以登记。

②涂改、销毁、遗失、损坏会计账簿以掩盖其舞弊行为。在会计账簿中用类似涂改凭证的方法来篡改有关记录，或制造事故，造成账簿不慎被毁的

假象,从而将不法行为掩盖于一般的过失当中。

如某市纪检部门在决定对某企业进行查账时,该企业发生了火灾,烧毁了部分财务资料,事后经查发现,这是一个违纪者想借此来掩盖会计舞弊所为。

③设置账外账。在一个企业建立两套或多套账,一套账用于应付外部检查,根据自己的需要对外公布;其他用于内部需要(对外不公开)。

④登账、挂账、改账、结账作假。登账作假是指在登记账簿的过程中,不按照记账凭证的内容和要求记账,而是随意改动业务内容,或者故意使用错误的账户,使借贷方科目弄错,混淆业务应有的对应关系,以掩饰其违法乱纪的意图。

挂账作假就是利用往来科目和结算科目将经济业务不结清到位,而是挂在账上,或者将有关资金款项挂在往来账上,等待时机成熟再回到账中,以达到"缓冲"、不露声色和隐藏事实真相之目的。

改账作假是指对账簿记录中发生的错误不按照规定的改错方法,而是用非规范的改错方法进行改错,或者利用红字"改错"随意对账户中的记录进行加减处理,如利用红字改变库存数、冲销材料成本差异数、无据减少销售数额等,以达到其违法乱纪之目的。

结账作假是指在结账及编制报表的过程中,通过提前或推迟结账、结总增列、结总减列或结账空转等手法故意增加或减少数据,虚列账面金额,或者为了人为地把账做平,而故意调节账面数据,以达到其掩饰或舞弊的目的。

⑤利用计算机舞弊。计算机会计系统已非常普及,计算机舞弊正被日益关注。其主要的作案手法是在实行计算机会计核算的单位,利用计算机的知识和经验,在系统程序中做手脚,利用别人对计算机的信赖,使得计算机输出貌似真实的会计资料。这种舞弊一般不易被察觉。

4. 会计账簿启用和登记中错弊形式有哪些?查证方法有哪些?

(1)常见错弊。

①在账簿封面上未写明单位名称和账簿名称。

②在账簿扉页上未附"启用表",或虽附有"启用表",但所列内容不齐全、不完整。

③会计人员调动工作时,未按规定在账簿中注明交接人员、监交人员的姓名或未加签章,无法明确有关责任。

④启用订本式和活页式账簿时,未按规定对其编定页数等。

(2)查证措施。

①审阅每个账簿的扉页记录和账簿中所有账页的页数编写情况。

②如遇疑点,可进一步询问有关当事人、会计主管人员等。

③在结合审阅、核对、复核其他有关会计人员的基础上检查问题的具体形态及其性质。

5. 会计账簿登记方面的错弊有哪些?查证方法有哪些?

(1)常见错弊。

①登记的方式不合理。

②账簿摘要不合理、不真实。

③登记不及时。

④账簿中书写的文字和数字所留空距不合理。

⑤登记账簿所用笔墨不符合要求。

⑥登记账簿中发生跳行、隔页的情况。

⑦账簿登记完毕后,记账人员未按规定在会计凭证上签名或盖章,未在会计凭证中注明已经登账的符号。

⑧未按规定结出账簿中账户的余额。根据规定,凡应结出余额的账户都应随时结出余额。余额结出后,应在余额前的"借或贷"栏中写明"借"或"贷"字样。没有余额的账户,应在"借或贷"栏中写"平"字,并在余额栏内的"元"位写"0"表示。现金日记账和银行存款日记账,必须逐日结出余额。在实践中存在着未按规定结出账户余额的情况,如能结出余额的账户未随时结出余额;没有余额的账户未在"借或贷"栏内写"平"字等。

⑨账页登记完毕后未按规定结转下页。

(2)查证措施。

①审阅会计账簿的登记内容,检查其有无未按规定进行登记的问题,如检查其登记账簿是否按规定使用所允许使用的笔墨,登记账簿有无跳行、隔页的情况等。

②审阅会计凭证上签章在"过账"或"页数"栏中的所作标记,检查其账簿登记完毕后,是否在合计凭证上签章,在"过账"或"页数"栏是否作出已记账的标志。

③核对账证记录,检查账簿是否根据审核无误的会计凭证登记,有无账证不符的问题。

6. 会计账簿更正方面错弊有哪些？查证方法有哪些？

(1)常见错弊。

①会计账簿记录发生错误后,进行涂改、挖补、刮擦或用药水消除字迹。

②未正确使用会计错误更正法对会计错误进行更正。如运用划线更正法更正错误后,使原错误记录无法辨认,在更正处未加盖更正人员的名章等。

(2)查证措施。

①审阅账簿中的更正记录。

②对于未正确使用会计错误更正方法的问题,需要审阅更正错误的会计凭证,并通过账证核对查证问题,如对于运用红字更正法和补充登记更正法更正会计错误的情况,可审阅更正错误的会计凭证,进行账证核对,来检查更正方法的运用是否正确。

7. 会计结账方面错弊有哪些？查证方法有哪些？

(1)常见错弊。

①结账前,未将应登入本期的经济事项全部登记入账。按照权责发生制和收入与支出相配比等会计原则的要求,应将本期内所发生的经济业务全部登记入账,对应由本期负担的费用支出,应列入本期的收益都应编制转

账凭证(记账凭证),以调整账簿记录。如应由本期负担的待摊费用应摊入本期,应预提的费用应在本期预提,对于形成本期收益的收入和支出应将其结转至"本年利润"账户等。在实践中存在未将应登入本期的经济事项全部登记入账的问题。如有的企业为了虚增本期利润,而未将应由本期负担的待摊费用和应在本期预提的费用摊入和预提,或未按规定的方法摊提;又如,将属于本期的销售业务未列作本期的销售收入,以及人为调节本期与以后会计期间的营业收入和营业利润等行为。

②结账时,未按规定结出每个账户的期末余额。按照要求,会计期末,所有的账户都应结出余额。需要结出本期发生额的,应在摘要栏内注明"本月合计"字样,并在下面划一条单线。需要结出本年累计发生额的,应在摘要栏内注明"本年累计"字样,并在下面划一条单线。12月末的"本年累计"就是全年累计发生额,在全年累计发生额下应该划双线。年终结账时,所有总账账户都应结出全年发生额。在实践中存在着未按上述要求结出账户余额和发生额的问题。如期末对有的账户未结出余额,对应结出本期发生额的账户未结出本期发生额,在"本月合计"和"本年累计"下面未按规定划单线或双线等。

③年度终了,未将各账户余额按规定方法结转下年。按照规定,年度终了,要把各账户的余额结转下年,并在摘要栏注明"结转下年"字样,在下年新账第一行余额栏填写上年结转的余额,并在摘要栏注明"上年结转"字样,在实践中存在着未按上述规定结转各账户年终余额的问题。如在旧账和新账的最后一行或第一行的摘要栏内未注明"结转下年"或"上年结转"字样等。

④结账时间不合乎规定。

(2)查证措施。

①审阅账簿结账记录,检查其结账时是否在账户摘要中注明了适当内容,如:"本月合计"、"本年累计"、"结转下年"和"上年结转"等;是否在"本月合计"和"本年累计"下面划了单线或双线;是否按规定的时间进行结账等。

②进行账账、账证核对,并结合审阅、分析、检查其他会计资料及有关经济活动资料,调查询问有关实际情况,来查阅结账前未将应记入本期的经济业务全部登记入账的会计舞弊行为。如审阅"待摊费用"、"预提费用"账户内的各月记录内容,并在账证、账账核对的基础上确定以往各月份应摊入的待摊费用和应预提费的金额,然后,与实际摊入和预提的费用金额相核对,确定其有无多摊多提或少摊少提,或者不摊不提的问题。

8. 会计账簿设计与设置方面错弊有哪些?查证方法有哪些?

(1)常见错弊。
①账簿形式设计不合理。
②账簿或账户设置不齐全。
③所设计或设置的账簿未能很好地形成一个账簿体系。

(2)查证措施。
①运用审阅法,了解本单位所设计与设置账簿的实际情况。
②将本单位实际设计与设置的会计账簿与实际具体情况和所应设计、设置的会计账簿进行对照比较,发现其是否有账簿设计与设置上的不合理、不恰当的地方。

第五章　针对货币资金项目常见错弊的查证

货币资金是指企业在生产经营过程中处于货币形态的那部分资金,包括库存现金、银行存款、其他货币资金。货币资金是联结生产与流通环节的纽带,是资金运动的起点和终点,在资产负债表中,往往列在资产项目的首位。货币资金具有普遍的可接受性和流动频繁的特点,极易发生差错或被挪用、侵吞,必须加强现金的管理和内部控制。

第一节　库存现金

1. 什么是库存现金?

库存现金一般是指企业的库存现金,包括人民币现金和外币现金,包括存放在财会部门的库存现金和存放在车间和各行政管理部门为了支付零星支出的备用金。为了核算和监督现金的收入、支出和结存情况,企业应设置"库存现金"科目,由负责总账的财会人员进行总分类核算。

企业应设置现金日记账,由出纳人员根据收、付款凭证,按照业务的发生顺序逐笔登记。每日终了,应计算当日的现金收入合计数、现金支出合计数和结余数,并将结余数与实际库存数核对,做到账款相符。有外币现金的企业,应分别人民币、各种外币设置现金日记账进行明细核算。

2.库存现金如何核算?

企业收到现金,借记"库存现金"科目,贷记相关科目;支出现金,借记有关科目,贷记"库存现金"科目。该科目月末余额在借方,表示库存现金的余额。"库存现金"科目可以根据现金收、付款凭证和银行付款凭证直接登记,如果企业日常现金收支业务量比较大,为了简化核算工作,企业可以根据实际情况,采用汇总记账凭证、科目汇总表等核算形式,定期或月份终了根据汇总收付款凭证或科目汇总表等登记入账。

3.企业什么业务允许现金结算?

国务院颁布的《现金管理暂行条例》允许企业使用现金结算的范围是:
(1)职工工资、津贴;
(2)个人劳务报酬;
(3)根据国家规定颁发给个人的科学技术、文化艺术、体育等各种奖金;
(4)各种劳保、福利费用以及国家规定的对个人的其他支出;
(5)向个人收购农副产品和其他物资的价款;
(6)出差人员必须携带的差旅费;
(7)结算起点(1 000元)以下的零星支出;
(8)中国人民银行确定需要支付现金的其他支出。

凡不属于上述现金结算范围的支出,企业应当通过银行进行转账结算。企业库存现金的数额,由开户银行根据企业3~5天日常零星支出所需的现金核定。边远地区、交通不便地区可适当放宽,但不得超过15天的日常零星支出所需现金。企业每日的现金结存数,不得超过核定的库存限额,超过部分应及时送存银行;低于限额的部分,可以向银行提取现金补足。

4.企业日常现金管理的规定有哪些?

企业支付现金时,不得从本单位现金收入中直接支付(即坐支)。因特殊情况,确需从本单位现金收入中直接支付现金的,应事先报经开户银行审批,并由银行核定坐支范围和限额,被允许坐支的单位应定期向开户银行报送坐支金额和使用情况。关于使用现金的禁止性规定有:不得以"白条"顶替库存现金;不准单位之间互相借用现金;不准谎报用途套取现金;不准利用本单位银行账户代其他单位或个人存入或支取现金;不准将单位收入的现金以个人名义存储;不准保留账外公款(小金库);禁止发放变相货币;不允许开户单位在经济活动中,只收现金拒收支票等转账结算凭证;不允许各单位对使用现金结算给予比转账结算价格上和其他方面的优惠。

5. 库存现金业务常见错弊形式有哪些?

现金是流动性最强的一种货币性资产,可以随时用其购买所需的物资,支付有关费用,偿还债务,也可以随时存入银行。尽管现金在企业资产总额中所占的比重不大,但企业发生的舞弊事件大多与现金有关。

现金错弊常见的形式主要有:贪污现金、挪用现金和坐支现金。

(1)贪污现金。

贪污现金指有关当事人采取某种虚假或不正当的手段将公款据为己有,其主要手法有:

①采取"涂改凭证"或有意填错数据的手段贪污现金。会计人员或有关当事人,采取"涂改凭证"或有意填错数据的手段贪污现金,根据《会计法》和财务制度的规定,企业取得的各种原始凭证,内容要真实和齐全,填写要完整,大小写金额要相符,更不能涂改。

但是,有些会计人员或有关当事人玩弄"化小为大,化大为小"的伎俩,涂改数据或有意填错数据,对收款业务用缩小原始凭证金额的办法,而对付款业务则使用扩大原始凭证金额的办法来达到贪污现金的目的。

②采取"联手舞弊"的手段贪污或私分现金。会计人员或有关当事人,采取"联手舞弊"的手段贪污或私分现金。"联手舞弊"指会计人员或有关当事人利用假发票、假收据、假报销单进行报销、贪污或私分现金的舞弊行为。主要表现为两种形式:

- 购货方和销货方合谋，由销货方提供假凭证和假发票，供货方报销，报销后私分现金。
- 销货方为了扩大营业范围，按照客户要求开具假凭证和假发票。

类似的问题还有：为个人使用目的购买的衣服及日常生活用品等，发票上却开具"办公用品"而据以报销。

③采取"汇总增列"或"汇总减列"的手段贪污现金。会计人员采取"汇总增列"或"汇总减列"的手段，贪污现金。会计人员先按正确的方法编制付款业务和收款业务的记账凭证，然后在汇总时，有意或者无意多记现金贷方发生额和对应账户的借方发生额，或者少记现金借方发生额和对应账户的贷方发生额，借贷双方的余额虽然相等，但是，现金总账和明细账之间会产生差额，这样就可能出现贪污现金的行为。

④少列现金收入总额或多列现金支出总额。即出纳员或收款员故意将现金日记账收入或支出的合计数加错，少列收入或多列支出，从而导致企业现金日记账面余额减少，从而将多余的库存现金据为己有。

⑤换用"库存现金"和"银行存款"科目。根据规定，对于超过1 000元的收支业务，应通过银行转账的方式进行结算。但在实际工作中，存在着超出此限额几倍、几十倍的现金收支业务，这为企业会计人员贪污现金创造了极好的条件。会计人员可以将收到的现金收入不入现金账，而是虚列银行存款账，从而侵吞现金。也可将实际用现金支付的业务，记入"银行存款"科目，从而将该部分现金占为己有。

⑥头尾不一致。经办人员在复写纸的下面放置废纸，利用假复写的方法，使现金存根的金额与实际支出或收入的金额不一致，从而少计收入，多计支出，以贪污现金。

⑦侵吞未入账借款。指会计人员与其他业务人员利用承办借款（现金）事项的工作便利条件和内部控制制度上的漏洞，将借出的款项不入账，并销毁借据存根，从而侵吞现金。

⑧虚列凭证，虚构内容，贪污现金。通过改动凭证直接虚列支出，如工资、补贴等，将报销的现金据为己有。

（2）挪用现金。

挪用现金是指有关当事人利用职务之便或未经单位领导批准在一定时间内将公款私用的一种舞弊行为。挪用现金舞弊的形式主要有：

①采取"出借公款"的手段长年拖欠、挪用公款。会计人员或有关当事人以购买物品或以临时处理某项经济业务为名，借出大量公款，私存银行或投资于他人经商，长期拖欠。

②采取"混水摸鱼"的手段挪用、存入小金库或据为己有。采取"混水摸鱼"的手段，取得收入时不入账，并提取等额现金，挪用、存入小金库或据为己有。其主要手法有两种：

• 财务人员收到银行存款增加的票据，在填制银行存款进账单的同时，签发一张相等金额的现金支票，一起送银行，并提取现金，一收一支都不入账，相互抵消，以达到挪用、贪污现金的目的。

• 企业出纳员或收款员利用企业内部控制混乱，故意将开具的非正式内部收据隐藏或撕毁，将所收现金据为己有。并使发票存根联、发票记账联、记账凭证、账簿、报表一致，令人无法发现收入现金的动向。

③利用现金日记账挪用现金。一般地讲，当库存现金、现金日记账余额和现金总账余额相符时，现金不会出现问题。但是，因为总账登记往往是一个星期或一旬登记一次，当旬末或周末登完总账，并进行账账和账实核对后，平时（非旬末或非周末）就利用尚未登记总账之机，采用少加现金收入日记账合计数或多加现金支出日记账合计数的手段，来达到挪用现金的目的。也就是，当旬末或周末登记现金总账时，现金总账余额、现金日记账余额和库存现金实有数均是相符的，但平时（非旬末或非周末），未登记现金总账时，现金总账应有余额与现金日记账余额和库存现金实有数不相符。

④延迟入账，挪用现金。按照财务制度的规定，企业收入的现金应及时入账，并及时送存银行，如果收入的现金未制证或虽已制证但未及时登账，就给出纳员提供了挪用现金的机会。

⑤循环入账，挪用现金。企业在营销过程中，出于商业目的，往往利用商业信用销售商品或提供劳务。广泛利用商业信用的方法，为企业会计人

员或出纳人员挪用现金大开方便之门。采用循环入账的手法挪用现金,企业会计人员或出纳人员可在一笔应收账款收到现金后,暂不入账,而将现金挪作他用;待下一笔应收账款收现后,用下一笔应收账款收取的现金抵补上一笔应收账款,会计人员或出纳人员继续挪用第二笔应收账款收取的现金;等第三笔应收账款收现后,再用第三笔应收账款收取的现金抵补第二笔应收账款。如此循环入账,永无止境。

⑥白条抵库,挪用现金。根据现金管理的有关规定,企业不允许用不符合财务制度的白条顶替库存现金。但部分企业人员利用职务上的便利,开出白条抵充现金,利用白条借出的现金为自己或他人谋取私利。

(3)其他。

①采取"坐支现金"的手段违规开支。根据现金管理制度的规定,任何单位都不准坐支现金。但是有些企业领导因不合理或违规开支的需要,指令会计人员不通过银行进行结算,直接坐支现金。

②用现金支付回扣或好处费。企业在销售商品的过程中,为刺激销售,会按收入的一定比例支付给购货方采购人员回扣或好处费。这种回扣或好处费,由于发票或单据上没有记录,财务上无法对其进行正确反映,只能以作假方式处理。例如,通过"销售费用"账户,以红字冲销作退货处理,利用"小金库"支付回扣和好处费,以使销货方和购货方少数人员获利。

6.现金收入业务中常见错弊有哪些?如何查证?

现金收入构成现金会计核算的主要内容之一。在现金收入的会计操作中,容易出现的会计错弊及其查证与调整方法如下所述。

(1)应通过银行转账结算的业务用现金结算。根据规定,对于超过1 000元的支出业务,应通过银行转账的方式进行结算。在实践中存在着对于超过此限额甚至超出几倍、数十倍的支出业务以现金结算(当然,主要问题在于付款方)的现象。对此,可先审阅现金日记账收方记录金额,将超过上述限额,尤其是大幅度超过限额的收款业务与据以登账的会计凭证进行核对,根据收款业务的具体内容判断是否违反了上述规定。对于查证的此问题,一般不需要作账务调整。如果金额巨大,性质严重,应以此为线索,追索查证付款方在此问题上的责任及其具体过程。

(2)出纳员收到现金后未给付款方开具收据,从而将现金贪污或存入单位的"小金库"。出纳员收到现金后必须给付款人出具收据,否则,就容易造成上述问题。对此,可通过调查询问业务人员及其他有关人员来发现问题的线索,然后,结合该线索所涉及的经济活动及其会计反映进行追踪查证。如查证人员调查了解到某单位出纳员在收到本单位某业务员交回剩余的借支差旅费款后,未出具收据,这时,查证人就应以此为线索,审阅该业务员借支差旅费和报销差旅费的会计处理过程。着重检查、核对报销差旅费原始凭证的费用总额与记账凭证中的费用金额(经营费用或管理费用)是否相符,是否将收回的剩余款挤入费用,从而将其贪污。或者审阅"其他应收款"总账下该业务员明细账或明细记录的内容,有无挂账的情况,如有,再通过调查出纳员与该业务员,查证是否剩余借支款未入账,而将其贪污,从而造成"其他应收款"挂账的问题。

上述问题查证后,应根据其具体形态作出调整。如对于多列费用贪污的问题,可借记"其他应收款"(应收回贪污人的赃款)账户,贷记有关费用账户。对于"其他应收款"总账下该业务员明细账仍存在挂账的问题,应调整其明细账记录,即借记"其他应收款"(贪污人)账户,贷记"其他应收款"(其业务员)账户。

(3)出纳员以假复写的形式贪污收到的部分现金。在实践中,有的出纳员以在复写纸下放置废纸的假复写手法,使现金收据存根和收据方作记账用的记账联上的金额小于实际收到现金金额以及付款方作记账用的记账联上的金额,以此来贪污差额款。对此,应将会计部门的现金收据存根或记账联与交款人手中的收据或收据单位作原始凭证入账的收据进行核对,从而发现并查证问题。如果交款人未保留此收据,可以将收据存根或记账联与有关的会计资料进行核对来发现和查证问题。如与交款员推销产品的产品出库单进行核对等。问题查证后,应将赃款与罚款,一并记入"其他应收款"账户,即借记"其他应收款"(贪污人)账户,贷记"营业外收入"账户及有关账户。

(4)出纳员销毁现金收据或交款单进行贪污。对此,查证人员在审阅会计资料和分析有关问题时,可发现被查单位收款次数和额度有异常反映。在核对检查现金收据存根或交款单的编号时可发现不连续。以此为线索,可调查询问出纳员、交款员及其他有关人员查证问题。问题查证后,应对贪污款及罚款作出收款的账务记录,于收到该款时再作相应转账。

(5)出纳员收现金后,未及时编制收款凭证并登记入账,从而挪用公款。按照规定,对于现金收款业务(当然也包括现金付款业务),应及时编制收款凭证并于当日登记现金日记账。如果未及时制证或虽制证但未及时登账,那么,就给出纳员提供了挪用公款的机会。对此,可以将现金日记账中收入方记录日期与收款凭证上的制证日期进行核对,将收款凭证上的制证日期与所附的原始凭证(收据)上的制证日期进行核对来查证问题。

另外,对于出纳员保存的尚未入账的收款凭证也应检查其制证日期与检查日是否相距太远,有无到检查日仍未编制收款凭证或尚未登记入账的问题。对于过去的未及时编制收款凭证或未按时登记现金日记账的问题,如果没有造成其他损失,可以不作调整;对于到检查日仍存在的此类问题,应令被检查单位或出纳员及会计人员即刻作出调整,未编制收款凭证的即刻编制收款凭证并登记现金日记账,对已编制而尚未及时入账的收款凭证应即刻登记入账。对于有关人员挪用公款的问题应作出恰当的处理。

7. 现金支出业务中常见错弊有哪些?如何查证?

现金支出业务的会计操作是一个更容易出现错弊的环节。在现金支出的会计操作中,容易出现的会计错弊及其查证与调整方法如下所述。

(1)应通过银行转账结算的业务付以现金。它与上述"应通过银行转账结算的业务收以现金"的问题是相对的。对此问题,可先审阅现金日记账付方记录金额,将超过1 000元,尤其是大幅度超过此限额的付款业务与据以登账的会计凭证进行核对,根据付款业务的具体内容判断是否违反了现金使用范围。对于查证的此问题本身一般不需作出账务调整。若由此造成了其他错弊,应根据其他会计错弊的具体形式及性质作出恰当的调整。

(2)在根据若干份原始凭证汇总编制的现金付款凭证上多汇总,以此贪污现金。如五张费用报销凭证上的金额合计为215元,而在付款凭证上却为512元,并据此登记有关账簿。对此,当然可分析其是否为数字颠倒(因为在编制记账凭证时发生,所以不会影响账户之间的平衡关系)。但是,对此应着重分析判断是否故意多汇总的问题,因为这样处理,在账账相符、证证不符的情况下贪污了差额款。而证证不符尽管是一个明显的弊端马脚,但会计凭证是最繁多的一类会计资料,偶尔有不相符而要想使其得到查证,无异于大海捞针。因此,这种情况的会计弊端居多。正如上例所述,查证此类问题是具有一定难度的。但是,只要在别的方面(如现金日记账付方记录的金额过大等)发现了问题的线索,或根据别的方面的查证工作的需要进行详细的证证核对,就不难查证问题。此类问题查证后,应针对问题的具体情况作出调整。如对于上述将215元汇总成512元的多汇费用、贪污公款的问题,单就应收回的贪污的赃款而言,应调账如下:

借:其他应收款——贪污人员　　　　　　　　　　　　297
　贷:管理费用(或有关费用账户)　　　　　　　　　　297

(3)以现金作不合理不合法的支出,如以现金支付不合理不合法的"好处费",或以现金搞不正当请客送礼等。对此类问题,可先审阅现金日记账付方记录内容。如金额较大,摘要中的业务内容说明模糊不清,应调阅会计凭证,通过账证核对查证问题。如果会计凭证中的内容也有模糊之处,或有其他异常现象,则还应调查询问开具发票、收据等原始凭证和编制付款凭证的单位或人员来进一步查证问题。问题查证后,应根据具体情况作出调整。一般情况下,对原账务处理不作账务调整。

(4)以伪造、涂改凭证的方式进行贪污。如涂改现金支出原始凭证中的金额或其他内容进行多报多支费用,伪造职工加班加点的考勤记录虚支现金等。对此类问题,一般需在审阅会计凭证时发现线索或疑点,然后,再通过调查分析有关情况。必要时,对会计凭证中的有关记录进行技术鉴定来查证问题。问题查证后,以贪污公款的性质作出相应的账务调整和处理。

(5)在现金支出过程中虚报、重复报销、冒领等。如会计人员在没有原始凭证的情况下编制付款凭证并据以登记入账,从而贪污公款;有关人员替他人冒领工资、奖金等;将某发票或收据重复报销等。对这些问题,有的可以在现金日记账或其他有关账簿中发现问题的疑点,然后再核对账证、证证查证问题。

在很多情况下,需要在审阅核对会计凭证时发现问题的线索。如对于虚报的问题,在审阅核对会计凭证时,可以发现付款凭证未附原始凭证,从而发现问题的线索并进而使其得到查证。对于重复报销的问题,如果原业务只有一张原始凭证,那么,重复报销后,就会使原经济业务的会计凭证中只有记账凭证,没有原始凭证;如原经济业务包括若干份原始凭证,而重复报销的只是其中部分原始凭证,这样,就会造成原经济业务会计凭证中记账凭证与原始凭证不相符。在审阅、核对会计凭证时,若发现上述记账凭证未附原始凭证或记账凭证与原始凭证不相符的问题,可以此为线索或疑点,结合调查、分析等方法来追踪查证问题。问题查证后,应根据其具体形态作出调整。如对于重复报销的问题,可以借记"其他应收款"(重复报销人)账户,贷记有关费用账户或其他账户;对于冒领,一般不需作出账务调整;对于虚报也应作出与重复报销相似的账务调整。

8.备用金方面常见错弊有哪些?如何查证?

备用金也称零用现金,企业建立备用金制度,目的是简化核算手续。它是由会计部门根据实际情况核定、拨付一笔固定数额的现金,并规定使用范围,由备用金经管人员在规定范围内支付,按规定的间隔日期或在备用金不够周转时,凭有关凭证向会计部门报销,补足备用金定额。备用金必须由专人经管,必须由指定的负责人签字同意才能支付。由于备用金的存放相对分散,报销的周期较长,比较容易出现错弊,必须加强监管与审查。

(1)备用金的常见错弊。

①将不属于备用金的内容列作备用金。如个人借款用于个人生活需要或投资等其他活动,其性质属于挪用企业现金。一般表现为提要模糊不清。

②不按备用金用途使用。如以备用金购买控购商品或者用于个人消费,虚报虚领。

③挪用备用金。如专职备用金保管人员利用职务之便,将本部门的备用金为个人服务。

④贪污备用金。贪污备用金的主要形态与贪污现金基本相同,主要有:
- 涂改发票金额;
- 利用假发票、假收据;
- 私人购物、公款报销。

(2)备用金常见错弊的查证。

①与各部门备用金的专门负责人核对"其他应收款"的明细账,查明其真实性,看是否存在以假冒备用金为名挪用现金的现象。

②复核以备用金支付的各种原始凭证,检查其是否超出备用金的使用范围。

③从"其他应收款"明细账中,检查有无长期挂账现象,若有,应组织有关人员对备用金使用部门进行突击检查,查明有无挪用备用金问题。

④审查凭证中的有关疑点,进一步调查了解、取证。在取得关键性的证据后,对其所经管的备用金进行突击检查。

9. 外币业务中的常见错弊有哪些?如何查证?

(1)账户设置不合理、不合法。

有外币存款和现金的企业应分别对人民币和各种外币设置银行存款日记账和现金日记账进行明细核算;对于其他涉及外币业务的会计账户,也应设置外币明细账户进行明细分类核算;对于存款和借款应按外币名称设置明细账;对于应收应付款应按客户名称和外币设置明细账。同时,根据需要还可以设置"汇兑损益"账户,用来核算企业的外币存款、外币现金和以外币结算的各种债权、债务等业务发生的汇兑损益(企业汇兑损益数额较小时,也可并入"财务费用"账户核算,不设置"汇兑损益"账户)。

在实际工作中,有许多企业对外币业务的会计账户设置不合理、不合法。如有的企业发生的汇兑损益业务较多、数额较大时,未专门设置"汇兑损益"账户进行核算,而是将其并入"财务费用"账户。还有的企业对外币存款和现金业务未分别按人民币和外币设置银行存款日记账和现金日记账进行明细核算。

(2)记账本位币的处理不正确、不合规。

企业记账本位币一经确定不得随意变更,除非企业经营所处的主要经济环境发生重大变化。企业因经营所处环境发生重大变化的,确定变更记账本位币的,应当采用变更当月即期汇率将所有项目折算为变更后的记帐本位币。

(3)汇率、折合的计算不合规。

企业发生外币业务时,所采用的外汇汇率、折合时间及汇兑损益的计算方法不正确、不合规。

企业发生外币业务时,应当将有关外币金额折合为记账本位币金额。折合汇率采用外币业务发生时的市场汇率,也可以采用业务发生当期期初的市场汇率,由企业自行选定,但一经选定,便不可随意更换。

月份终了,企业应当将外币现金、外币银行存款、债权、债务等各外币账户的余额,按照期末市场汇率折合为记账本位币。按照期末市场汇率折合的记账本位币与账面记账本位币之间的差额,作为汇兑损益处理。

在实际工作中,存在着许多采用的外汇汇率、折合时间及汇兑损益的计算方法不正确、不合规的问题。如有的企业发生外币业务,将有关外币金额折合为记账本位币金额时,折合汇率未采用业务发生时的市场汇率或当月1日的市场汇率,而是采用不同的汇率标准进行折算,造成折合汇率在各期变动幅度过大。又如有的企业对计算汇兑损益的逐笔结转方式与集中结转方式在年度内随意变更,从而造成汇兑损益在同一年度各有关会计期间内不均衡、不合理,影响各有关会计期间财务成果的真实性与正确性等。

(4)汇总损益的会计处理不合规、不正确。

企业发生的汇总损益,应按照下列原则进行处理:

①筹建期间发生的,如果为净损失,计入开办费,从企业出资经营月份

的次月起,按照不短于5年的期限平均摊销。如果为净收益,从企业开始生产、经营月份的次月起,按照不短于5年的期限平均转销,或者留待弥补企业生产经营期间发生的亏损,或者留待并入企业的清算收益。

②生产经营期间发生的,计入当期损益。

③清算期间发生的,计入清算损益。

④为购建固定资产发生的,在购建期列入固定资产的价值;在固定资产办理竣工决算以后发生的,计入当期损益。为购入无形资产发生的,全部计入无形资产价值。

在实际工作中存在的对汇兑损益的会计处理不合规、不正确问题,主要是将应计入当期损益的汇兑损益,计入有关财产价值;或者将应计入有关财产价值或开办费的汇兑损益,计入当期损益。对于开办费中的企业筹建期间发生的汇兑损益,其摊销或转销期短于5年等。

第二节 银行存款

1. 什么是银行存款?

银行存款是企业存放在银行或其他金融机构的货币资金。凡是独立核算的企业都必须在当地银行开设账户,以办理存款、取款和支付等结算。企业除了按核定限额留存的库存现金外,其余的货币资金都必须存入银行;企业与其他单位之间的一切货币收付业务,除了在规定范围内可以用现金支付的款项外,都必须通过银行办理支付结算。

结算方式是指用一定的形式和条件来实现企业间或企业与其他单位和个人间货币收付的程序和方法,分现金结算和支付结算两种。企业除按规定的范围使用现金结算外,大部分货币收付业务应通过银行办理支付结算。支付结算是指单位、个人在社会经济活动中使用票据、信用卡和汇兑、托收承付、委托收款等结算方式进行货币给付及其资金清算的行为。中国人民银行发布的《支付结算办法》规定的国内人民币的支付结算方式,包括支票、银行本票、银行汇票、商业汇票、信用卡、托收承付、委托收款、汇兑八种;另外还有国内信用证结算方式等。

2.银行存款如何核算?

(1)企业将款项存入银行或其他金融机构,借记"银行存款"科目,贷记"库存现金"等有关科目;提取和支出存款时,借记"库存现金"科目,贷记"银行存款"科目。

(2)企业应按开户银行和其他金融机构、存款种类等,分别设置银行存款日记账,由出纳人员根据收付款凭证,按照业务的发生顺序逐笔登记,每日终了应结出余额。银行存款日记账应定期与银行对账单核对,至少每月核对一次。月度终了,企业账面余额与银行对账单余额之间如有差额,必须逐笔查清原因进行处理,并按月编制银行存款余额调节表把双方余额调节相符。

(3)有外币存款的企业,应分别按人民币和各种外币设置银行存款日记账进行明细核算。

3.银行存款如何管理?

银行存款管理,就是指国家、银行、企业、事业、机关团体等有关各方对银行存款及相关内容进行的监督和管理。根据其管理对象不同,银行存款管理可分为银行存款账户的管理、银行存款结算的管理、银行存款核算的管理。

(1)银行存款账户的管理。

银行存款账户的管理,主要是指对有关银行存款账户的开立、变更、合并、迁移、撤销和使用等内容的管理。

(2)银行存款结算的管理。

银行存款结算的管理,是银行存款管理的核心内容,主要是对经济活动

引起的银行存款收、付业务的管理。银行存款结算的管理主要包括以下四个方面的内容:

①银行存款结算的原则性管理;

②银行存款结算的业务性管理;

③银行存款结算的纪律及责任规定;

④银行结算票据和凭证的管理。

(3) 银行存款核算的管理。

银行存款核算的管理,是指根据《会计法》及会计准则的规定,对银行存款业务进行确认、计量、核算和报告的管理。

4. 银行存款收支业务的查账方法与技巧是什么?

在进行银行存款收支业务的审查时,一般审查银行存款内部控制制度、核对银行存款日记账与银行对账单、审核银行存款余额调节表等内容,具体审查程序与方法如下:

(1) 审查银行存款内部控制制度。

审查时,主要采用询问法、审阅法、核对法等方法,对以下内容进行查账:

①询问有关财务人员:出纳员与会计人员的职责是否有明确分工;支付是否正确履行审批授权手续;是否定期对账等。

②审核企业是否存在出租、出借银行账户情况;收付内容是否在规定的权限范围内;收付活动是否及时入账等。

③核对企业账证、账账等是否相符。

(2) 检查企业是否有隐瞒或转移资金的情况。

(3) 逐笔核对银行存款日记账与银行对账单。

检查企业银行存款业务的合规性和合法性特别应注意:

①重点追查:漏账,即银行对账单上有而银行存款日记账上没有反映,且不属于未达账项的事项;假账,即银行存款日记账上有而银行对账单上没有反映,且不属于未达账项的事项;大量提取现金的业务;短期内发生一收

一支或多收多支且收支金额相等的事项等。

②重点审查:银行存款业务内容与本单位经济活动范围无关的事项;有收付款项而无摘要的业务;在报表日前后发生大额收支的业务;未达账项下月仍无下落的事项等。

(4)编制或审查银行存款余额调节表。

(5)抽查一至两个月银行收、付款业务原始凭证,重点审查以下方面:

①没有原始凭证而凭白条等记账的业务;

②原始凭证上没有授权审批的签字或盖章的业务;

③原始凭证上有涂改痕迹的业务;

④大额银行存款收支业务等。

5.银行存款业务中常见错弊有哪些?

银行存款收支是企业会计核算的主要内容,也极易发生错弊。常见错弊有:

(1)制造余额差错。

即会计人员故意算错银行存款日记账的余额,来掩饰利用转账支票套购商品或擅自提现等行为。也有的在月结银行存款日记账试算不平时,乘机制造余额差错,为今后贪污做准备。这种手法看起来非常容易被察觉,但如果本年内未曾复核查明,以后除非再全部检查银行存款日记账,否则很难发现。

(2)擅自提现。

擅自提现手法,是指会计人员或出纳人员利用工作上的便利条件,私自签发现金支票提取现金,不留存根不记账,从而将提取的现金占为己有。这种手法主要发生在支票管理制度混乱、内部控制制度不严的单位。

(3)混用"库存现金"和"银行存款"科目。

会计人员利用工作上的便利,在账务处理中,将银行存款收支业务混同起来编制记账凭证,用银行存款的收入代替现金的收入,或用现金的支出代替银行存款的支出,从而套取现金并占为己有。

(4)公款私存。

即将公款转入自己的银行户头,从而侵吞利息或挪用单位资金。其主要手法有:

①将各种现金收入以个人名义存入银行;

②以"预付货款"名义从单位银行账户转汇到个人银行账户;

③虚拟业务而将银行存款转入个人账户;

④业务活动中的回扣、劳务费、好处费等不交公、不入账,以业务部门或个人名义存入银行等。

(5)出借转账支票。

指会计人员利用工作上的便利条件,非法将转账支票借给他人用于私人营利性业务结算,或将空白转账支票为他人做买卖充当抵押。

(6)转账套现。

指会计人员或有关人员通过外单位的银行账户为其套取现金。这种手法既能达到贪污的目的也能达到转移资金的目的。

在这种手法下,外单位的账面上表现为"应收账款"及"银行存款"等科目以相同的金额一收一付,而本单位的会计分录为:

①为外单位套取现金,收到该单位的转账支票存入银行时,作分录:

  借:银行存款   ×××

    贷:应付账款   ×××

②提取现金时作分录:

  借:库存现金   ×××

    贷:银行存款   ×××

③付现金给外单位时:

  借:应付账款   ×××

    贷:库存现金   ×××

为了避免一收一付,以掩盖套取现金的事实,有些单位不作上述账务处理,而进行直接入账,分录为:

  借:银行存款   ×××

贷：库存现金　　　　　　　　　　　　　　　×××

(7) 涂改银行对账单。

指涂改银行对账单上的发生额，从而掩饰从银行存款日记账中套取现金的事实。这种手法，一般是将银行对账单和银行存款日记账上的同一发生额一并涂改，并保持账面上的平衡。为了使账证相符，有的还涂改相应的记账凭证。

(8) 支票套物。

是指会计人员利用工作之便擅自签发转账支票套购商品或物资，不留存根不记账，将所购商品据为己有的行为。

(9) 提取现金不入账。

指会计人员利用工作上的便利条件，在由现金支票提出现金时，只登记银行存款日记账，不登记现金日记账，从而将提出的现金占为己有。实务中，由于企业的现金日记账和银行存款日记账是两本账，如果不对照检查，这种手法极难被发现。

(10) 存款漏账。

指会计人员利用业务上的漏洞和可乘之机，故意漏记银行存款收入账，伺机转出转存占为己有。这种手法大多发生在银行代为收款的业务中，银行收款后通知企业，会计人员将收账通知单隐匿后不记日记账，以后再开具现金支票提出存款。

(11) 重支存款。

指会计人员利用实际支付款项时取得的银行结算凭证和有关的付款原始凭证，分别登记银行存款日记账，使得一笔业务两次报账，再利用账户余额平衡原理，采取提现不入账的手法，将款项占为己有。

(12) 出借账户。

指本单位有关人员与外单位人员相互勾结，借用本单位银行账户转移资金或套购物资，并将其占为己有。也有单位通过对外单位或个人出借账户转账结算而收取好处费。这种手法，一般是外单位先将款项汇入本单位账户，再从本单位账户上套取现金或转入其他单位账户。这样收付相抵，不记银行存款日记账。

(13)涂改转账支票日期。

采用这种手法,会计人员将以前年度已入账的转账支票收账通知上的日期涂改为报账年度的日期进行重复记账,再擅自开具现金支票提取现金并占为己有。这种手法,由于重复记账,银行存款日记账余额将大于对账单余额。记账时的会计分录为:

借:银行存款　　　　　　　　　　　　　　　　　　×××
　　贷:相关科目　　　　　　　　　　　　　　　　　×××

这等于凭空在日记账上增加了借方数额,于是便为提取现金做好了准备。提取现金时,会计分录为:

借:库存现金　　　　　　　　　　　　　　　　　　×××
　　贷:银行存款　　　　　　　　　　　　　　　　　×××

通过上述两笔账务的处理,既侵吞了现金,同时又使日记账与银行对账单之间保持了平衡。

(14)套取利息。

采用套取利息手法,会计人员利用账户余额平衡原理,采取支取存款利息不记账手法将其占为己有。

企业的货款利息,按规定应抵减存款利息后,计入财务费用。月终结算利息时,如果只记贷款利息而不计存款利息,银行存款日记账余额就小于实有额,然后再支出利息部分款项不入日记账,余额就自动平衡,该项利息也就被贪污了。这种手法,在对账单和调节表由出纳一人经管的单位很难被发现。

(15)涂改银行存款进账单日期。

指会计人员利用工作上的便利条件,将以前年度会计档案中的现金送存银行的进账单日期,涂改为本年度的日期,采取重复记账的手法侵吞现金。在这种手法下,根据涂改后的进账单作如下会计分录:

借:银行存款　　　　　　　　　　　　　　　　　　×××
　　贷:库存现金　　　　　　　　　　　　　　　　　×××

这样就能将现金占为己有,但由于与对账单不符,因而容易被发现。所以,有些会计人员为了保持与对账单余额一致,也相应地在银行对账单上填列借方余额;或采用收款不入账的手法掩饰真相,使日记账与对账单自动平衡。

除此之外,银行存款业务中还有以下的其他错弊:

(1)未将超过库存限额的现金全部、及时地送存开户银行。
(2)通过银行结算划回的银行存款不及时、不足额。
(3)违反国家规定进行预收货款业务。
(4)开立"黑户",截留存款。
(5)签发空头支票、空白支票,并由此给单位造成经济损失。
(6)银行存款账单不符。

6. 银行存款业务中错弊的查证方法有哪些?

(1)检查银行存款业务的内部控制制度。

检查银行存款业务的内部控制制度,可按以下各项展开:

①企业是否根据不同的银行账号分别开设银行存款日记账?
②银行存款的处理和日记账的登记工作是否由出纳专门负责?
③出纳和会计的职责是否分离?
④银行存款日记账是否根据经审核后的合法的收付款凭证登记入账?
⑤银行存款日记账是否逐笔序时登记?
⑥企业除零星支付外的支出是否通过银行转账结算?
⑦重大的支出项目是否经过核准,如何审批?
⑧银行支票是否按顺序签出?
⑨是否严格控制和保管空白支票?
⑩作废支票是否加盖"作废"戳记,并与存根联一并保存?
⑪是否使用支票登记簿?
⑫支票是否由出纳和有关主管人员共同签发?
⑬签发支票的印章是否妥善保管?大、小印是否分别由专人保管?

⑭银行存款日记账与总账是否每月核对相符？

⑮银行存款日记账是否定期与银行对账单核对？

⑯是否定期由独立人员编制银行存款余额调节表，调节未达账项？

（2）银行存款日记账的查证。

①根据"日期"和"凭证号数"栏的记载，查明是否以记账凭证为依据逐笔序时登记收支业务并逐笔结出余额，有无前后日期和凭证编号前后顺序颠倒的情况。

②根据"摘要"、"金额"和"对方科目"栏的记载，判断经济业务的会计处理、会计科目的使用是否适当。同时，还要进一步查证其收付业务是否与本单位经营活动有关，是否有出租出借银行账号之嫌。开具的银行提现支票，其内容是否符合现金结算范围规定；如不属于规定的现金结算范围，又不通过现金日记账反映，应注意可能存在套取现金的可能。

③根据"结存余额"栏的记载，查明是否有异常的红字余额。如出现红字余额，可能是由于不同银行账号的业务记录出现"串户"，或是收支业务记录的先后顺序颠倒或是开具空头支票等所致。

（3）银行存款收付款凭证的查证。

银行存款的收付款凭证是银行存款日记账的记账依据，是银行存款日记账正确与否的前提。其查证要点与现金收付款凭证的查证要点相似。

①查证银行存款业务收入方面的记录，其查证要点与查证现金业务收入方面的记录要点相同。

②查证非正常业务的重要银行存款支出，其查证要点与查证非正常业务的重要现金支出要点相同。

③询证期末银行存款余额。银行存款是货币资金中最主要部分，为了查证资产负债表所列示银行存款余额是否存在，必须向开户银行询证。通过询证，可以获得企业银行存款确实存在的证据；获得银行存款可供企业使用、企业拥有其所有权的证据；还可能发现企业未入账的银行存款。

④取得或编制银行存款余额调节表。银行存款余额调节表可以由企业编制，也可以由查证人员编制。其查证的内容主要包括：

- 根据银行对账单。银行存款日记账和总账上的结账日余额核对银行存款余额调节表上调节前的相对应余额，查证列示是否正确。
- 将银行对账单记录与银行存款日记账记录逐笔核对，核实调节表上各个调节项目的列示是否真实完整。任何漏记或多记调节项目的现象均应引起查证人员的注意。
- 在核对银行存款日记账账面余额和银行对账单余额的基础上，复核未达账项加减调节，验证调节后两者的余额计算是否相符，是否正确。如不符，说明其中一方或双方存在差错，应进一步查明原因。
- 逐笔查证未达账项，以确定其真实性。

7. 什么是银行存款余额调节表？怎样编制？

编制银行存款余额调节表，是进行银行存款账实核对的必要手段，在对企业的银行存款项目进行查证时，必须严格核对银行存款余额调节表。这里首先介绍银行存款余额调节表的内容与含义。

(1) 未达账项的内容。

企业与银行对账单余额存在误差的原因除记账错误外主要是存在未达账项。未达账项包括：

① 企业已经入账，银行尚未入账的款项。

企业存入银行的款项，企业已记作银行存款增加，而银行尚未办理入账手续。

例如，企业开出转账支票或其他付款凭证，企业已记银行存款减少，而银行尚未支付入账的款项。

② 银行已经入账，企业尚未入账的款项。

银行代企业划收的款项已经收妥入账，银行已记作企业存款增加，而企业尚未接到收款通知，尚未记账的款项。

例如，银行代企业划付的款项已经划出并记账，银行已记作企业存款减少，而企业尚未接到付款通知，尚未记账的款项。

(2) 编制银行存款余额调节表。

银行存款余额调节表,是企业为了核对本企业与银行双方的存款账面余额而编制的列有双方未达账项的一种报表。具体编制方法是:在银行与开户单位账面余额的基础上,加上各自的未收款减去各自的未付款,然后再计算出双方余额。通过余额调节后的余额才是企业银行存款实存数。

(3)编制银行存款余额调节表需注意之处。

编制银行存款余额调节表应注意以下几点:

①调整的未达账项并不入账。

编制银行存款余额调节表只是为了核对账目,检查账簿记录是否正确,所以调整的未达账项并不马上入账。

②调节表中双方余额一定要相等。

调节后如果双方余额相等,一般可以认为双方记账没有差错。调节后如果双方余额仍不相等,原因有两个,要么是未达账项未全部查出,要么是一方或双方账簿记录还有差错。无论何种原因,都要进一步查清楚,并加以更正,一定要到调节表中双方余额相等为止。

③调整后的余额是企业存款的真实数字,也是企业当日可以动用的银行存款的极大值。

④一个银行账户需要编制一份银行存款余额调节表,开户超过一个的企业,要防止串户。

案例 5-1　　银行存款余额调节表的编制

甲公司 2012 年 5 月 31 日银行存款日记账的账面余额为 520 000 元,银行转来的对账单上截至 5 月 31 日的余额为 510 400 元,经逐笔核对,发现有以下未达账项:

(1)5 月 28 日,公司委托银行代收款项 5 000 元,银行已经收妥入账,公司尚未接到银行的收款通知,尚未记账;

(2)5 月 29 日,公司送存支票 15 200 元,银行尚未记入公司存款账户;

(3)5 月 30 日,银行代公司支付水费 1 000 元,公司尚未接到银行的付款通知,尚未记账;

(4)5月31日,公司开出支票1 600元,持票人尚未到银行办理转账,银行尚未登记入账。

要求:根据上述资料编制该公司银行存款余额调节表。

根据所提供资料编制该公司的"银行存款余额调节表"如下:

项目	金额	项目	金额
企业存款日记账余额	520 000.00	银行对账单余额	510 400.00
加:银行已收企业未收	5 000.00	加:企业已收银行未收	15 200.00
减:银行已付企业未付	1 000.00	减:企业已付企业未付	1 600.00
经调整后的余额	524 000.00	经调整后的余额	524 000.00

8. 什么是银行存款内部控制?

单位内部完善的银行存款控制制度,应当包括以下八个控制点,并围绕它们展开行之有效的银行存款内部控制。

(1)审批。单位主管或银行存款业务发生部门的主管人员,对将要发生的银行存款收付业务进行审查批准,或授权银行存款收支业务经办人,并规定其经办权限。审批一般以签字盖章方式表示。该过程主要为保证银行存款的收支业务要在授权下进行。

(2)结算。出纳人员复核了银行存款收付业务的原始凭证后,应及时填制或取得结算凭证,办理银行存款的结算业务,并对结算凭证和原始凭证加盖"收讫"或"付讫"戳记,表示该凭证的款项已实际收入或付出,避免重复登记。

(3)分管。银行存款管理中不相容职务的分离,如支票保管职务与印章保管职务相分离,银行存款总账与明细账登记相分离,借以保障银行存款的安全。

(4)审核。在编制银行收款凭证和付款凭证前,银行存款业务主管会计应审核银行存款收付原始凭证基本内容的完整性,处理手续的完备性以及经济业务内容的合规、合法性;同时,还要对结算凭证的上述内容进行审核,并将其与原始凭证相核对,审核其一致性,然后签字盖章。目的是保证银行存款收支业务记录的真实性、核算的准确性和银行存款账务处理的正确性。

(5)稽核。记账前稽核人员、审核人员审核银行存款收付原始凭证和收付款记账凭证内容的完整性,手续的完备性和所反映经济内容的合法、合规性;同时对这些凭证的一致性进行审核,并签字盖章以示稽核。该环节的目的是确保证证相符,以及对银行存款记录和核算的正确性。

(6)记账。出纳人员根据审核、稽核无误的银行存款收、付款凭证登记银行存款日记账,登记完毕,核对其发生额与收款凭证、付款凭证的合计金额,并签字盖章表示已经登记。银行存款总账会计根据审核、稽核无误的收款凭证、付款凭证或汇总的银行存款收付款凭证,登记银行存款总账,登记完毕,核对其发生额与银行收款凭证和付款凭证或银行存款汇总记账凭证的合计金额,并签字盖章表示已经登记。该环节用以保证账证相符以及银行存款账务处理的正确性。

(7)对账。在稽核人员监督下,出纳人员与银行存款总账会计对银行存款日记账和银行存款总账的发生额和余额相核对,并互相取得对方签证以对账。该环节的目的是保证账账相符,保证会计资料的正确性、可靠性以及银行账务处理的正确性。

(8)调账。银行存款主管会计定期根据银行对账单对银行存款日记账进行核对,编制银行存款余额调节表,并在规定的天数内对各未达账项进行检查。该环节的目的是保证企业的银行存款账与银行账目相符,保证会计信息的准确性和及时性。

9. 银行存款内部控制的步骤与内容是什么?

在实施银行存款内部控制时,各单位应根据自身特点,设定合理的控制点,制定符合自身情况的、健全的银行存款内部控制制度。

(1)授权与批准。建立银行存款的内部控制制度,首先要确立授权与批准的制度,即银行存款收付业务的发生,需要经单位主管人员或财务主管人员审批，并授权具体的人员经办，审批一般以签字盖章方式表示。该过程保证了银行存款的收支业务要在授权下进行。

（2）职责区分，内部牵制。有关不相容职务由不同的人承担，体现钱账分管、内部牵制等原则。其具体程序包括：

①银行存款收付业务授权与经办、审查、记账要相分离。

②银行存款票据保管与银行存款记账职务要相分离。

③银行存款收付凭证填制与银行存款日记账的登记职务相分离。

④银行存款日记账和总账的登记职务相分离。

⑤银行存款各种票据的保管与签发职务相分离，其中包括银行单据保管与印章保管职务相分离。

⑥银行存款的登账和审核职务相分离。

（3）记录与审核。各单位对其银行存款收付业务通过编制记账凭证、登记账簿进行反映和记录之前，都必须经过审核，只有审核无误的凭证单据才可作为会计记录的依据。其具体程序包括：

①出纳人员要根据其审核无误的银行存款收付原始凭证办理结算。办理银行结算后的原始凭证和结算凭证，要加盖"收讫"或"付讫"戳记。

②会计人员要根据财务主管审核无误的原始凭证或原始凭证汇总表填制记账凭证。

③原始凭证、收付款凭证须经过财会部门主管或其授权人审签、稽核人稽核签字盖章才能据以登账。

（4）文件管理。为了保证已发生的经济业务安全完整，对收、付款凭证可以采取混合连续编号，也可以采取分类连续编号；同时对票据安排专人负责保管；票据和结算业务发生时，须经财会部门主管人员或企业主管人员审批并要求经办人签字。

（5）核对。出纳人员定期编制银行存款余额调节表，交由会计主管人员检查，同时定期进行账账核对，以保证银行存款安全。

第三节 其他货币资金业务

1. 什么是外埠存款？外埠存款如何核算？

外埠存款是指企业到外地进行临时或零星采购时，汇往采购地银行开立的采购专户的款项。企业将款项委托当地银行汇往采购地开立专户时，借记"其他货币资金"科目，贷记"银行存款"科目。收到采购员交来供应单位发票、账单等报销凭证时，借记"物资采购"、"原材料"、"库存商品"或"应交税费——应交增值税（进项税额）"等科目，贷记"其他货币资金"科目。将多余的外埠存款转回当地银行时，根据银行的收账通知，借记"银行存款"科目，贷记"其他货币资金"科目。

2. 外埠存款中常见错弊及查证方法有哪些？

（1）外埠存款中的常见错弊。

外埠存款是企业到外地进行临时或零星采购时，汇往外地银行开设采购专户的款项。其所发生的常见错弊有：

①非法开设外埠存款账户。其主要表现形式有：
- 捏造申请书，骗取银行同意，在异地开设采购专户，用于非法交易；
- 在异地伙同异地单位开设存款账户，将企业存款汇往异地作为外埠存款。

②外埠存款支出不合理、不合法。其主要表现形式有：
- 使用外埠存款采购国家专控商品或其他非法物资；
- 采购人员挪用外埠存款；
- 将外埠存款用于联营投资、炒买炒卖股票、债券等交易活动。

（2）外埠存款中错弊的查证技巧。

首先，查账人员应运用详查法，审查以外埠存款购进的全部商品、材料和其他物品，看其有无超出采购存款的佣金。

其次，审查"其他货币资金——外埠存款"明细账余额，查明其有无长期挂账现象，若"其他货币资金——外埠存款"占用时间长，应进一步分析查证其有无挪用资金或者不及时办理结算的问题。

3. 什么是银行汇票？银行汇票如何核算？

银行汇票存款是指企业为取得银行汇票，按规定存入银行的款项。企业在填送"银行汇票申请书"并将款项交存银行，取得银行汇票后，根据银行盖章退回的申请书存根联，借记"其他货币资金"科目，贷记"银行存款"科目。企业使用银行汇票后，根据发票、账单等有关凭证，借记"物资采购"、"原材料"、"库存商品"或"应交税费——应交增值税（进项税额）"等科目，贷记"其他货币资金"科目。如有多余款或因汇票超过付款期等原因而退回款项，根据开户行转来的银行汇票第四联（多余款收账通知），借记"银行存款"科目，贷记"其他货币资金"科目。

4. 银行汇票存款常见错弊及查证方法有哪些？

（1）银行汇票存款中的常见错弊。

银行汇票存款是指汇款人将款项交存当地银行，由银行签发给汇款人持往异地办理转账结算或支取现金的票据，在尚未办理结算之前的票据存款。

银行汇票的付款期为一个月。遗失可提现的银行汇票，可以挂失。如果遗失了填明收款单位或个体户名称的汇票，银行不予挂失。过期汇票及遗失汇票在一个月内未被冒领，可办理退款手续。

有关银行汇票存款的常见错弊主要有：

①银行汇票使用不合理、不合法。其主要表现形式有：

- 超出银行汇票使用范围；
- 用银行汇票套取现金；

- 贪污银行汇票存款。

②收受无效的银行汇票，给企业带来损失。其主要表现形式有：
- 接受非银行签发的银行汇票或假冒的银行汇票；
- 收到的银行汇票，收款人并非本企业；
- 接受过期、作废或经涂改的银行汇票。

③非法转让或贪污银行汇票。

企业财会部门收到银行汇票时，不及时存入银行，而是通过背书转让给其他单位，从中获得非法所得。

（2）银行汇票存款中错弊的查证技巧。

①审查银行汇票申请书，查明被查单位与收款单位有无业务往来；

②审查购销合同规定的结算方式是否为采用银行汇票结算；

③在分析使用汇票结算合理的基础上，审查"其他货币资金——银行汇票存款"明细账，审查其是否及时办理结算，有无长期挂账而挪用汇票存款或侵占行为；

④核对银行存款和银行对账单，审查其款项是否与银行对账单一致，应分析是否为未达账项，否则，应查明是否收到无效或过期汇票。

5. 什么是银行本票？银行本票如何核算？

银行本票存款是指企业为取得银行本票按规定存入银行的款项。企业向银行提交"银行本票申请书"并将款项交存银行，取得银行本票后，根据银行盖章退回的申请书存根联，借记"其他货币资金"科目，贷记"银行存款"科目。企业使用银行本票后，根据发票、账单等有关凭证，借记"物资采购"、"原材料"、"库存商品"或"应交税费——应交增值税（进项税额）"等科目，贷记"其他货币资金"科目。因本票超过付款期限等原因而要求退款时，应当填制进账单一式两联，连同本票一并送交银行，根据银行盖章退回的进账单第一联，借记"银行存款"科目，贷记"其他货币资金"科目。

6. 银行本票存款常见错弊及查证方法有哪些？

银行本票存款违规操作检查思路及方法与银行汇票基本相同，不同之处在于银行本票结算只有银行本票结算联,没有解讫通知。其假账的表现形态与银行汇票假账的表现形态不同之处在于,采用银行本票结算的余额是否以支票或现金入账。

具体的查账方法除了与银行汇票的违规操作检查思路及方法相同以外,还有两种检查方法:

(1)检查"其他货币资金——银行本票存款"明细账,查明每笔银行本票是否有余额。如有,应进一步与原始凭证进行核对,然后与供货方对账,查明有无贪污余额问题。

(2)核对结算款项与实际采购金额,调查有无虚减"银行本票存款"账户的情况。

7. 其他货币资金项目下的其他资产项目有哪些?分别如何核算?

(1)信用卡存款。

信用卡存款是指企业为取得信用卡而按照规定存入银行的款项。企业应按规定填制申请表,连同支票和有关资料一并送交发卡银行,根据银行盖章退回的进账单第一联,借记"其他货币资金"科目,贷记"银行存款"科目。企业用信用卡购物或支付有关费用,借记有关科目,贷记"其他货币资金"科目。企业在使用信用卡过程中,需要向其账户续存资金的,借记"其他货币资金"科目,贷记"银行存款"科目。

(2)信用证保证金存款。

信用证保证金存款是指企业为取得信用证而按规定存入银行的保证金。企业向银行申请开立信用证,应按规定向银行提交开证申请书、信用证申请人承诺书和购销合同,企业向银行交付保证金,根据银行退回的进账单第一联,借记"其他货币资金"科目,贷记"银行存款"科目。根据开证行交来的信用证来单通知书及有关单据列明的金额,借记"物资采购"、"原材料"、"库存商品"或"应交税费——应交增值税(进项税额)"等科目,贷记"其他货币资金"和"银行存款"科目。

(3)存出投资款。

存出投资款是指企业已存入证券公司但尚未进行短期投资的现金。企业向证券公司划出资金时,应按实际划出的金额,借记"其他货币资金"科目,贷记"银行存款"科目;购买股票、债券等时,按实际发生的金额,借记"交易性金融资产"科目,贷记"其他货币资金"科目。

企业应加强其他货币资金的管理,及时办理结算,对于逾期尚未办理结算的银行汇票、银行本票等,应按规定及时转回,借记"银行存款"科目,贷记"其他货币资金"科目。企业应严格按照制度规定核算其他货币资金的各项收支业务。

8. 其他货币资金业务中一般性错弊有哪些?

其他货币资金是指企业在生产经营过程中,与库存现金和银行存款的地点及用途不同的属于货币资金的款项。主要包括外埠存款、银行汇票存款、银行本票存款、在途货币资金等。

其他货币资金是货币资金的组成部分,在其增减变动过程中,也常常发生一些错弊。

(1)账户设置不合理。

对于其他货币资金,企业应设置"其他货币资金"总账科目,进行总分类核算,并在其下设置"外埠存款"、"银行汇票存款"、"银行本票存款"、"在途货币资金"等明细科目,根据这些明细科目并按外埠存款的开户银行、银行汇票、银行本票的收款单位以及在途货币资金的汇出单位等设置明细账。

在实际工作中,存在着许多未按上述要求设置核算其他货币资金账户的问题。如未按各种其他货币资金的具体形态设置明细科目;或者未按所有的外埠存款的开户银行,银行汇票、银行本票的收款单位以及在途货币资金的汇出单位设置明细账。未按有关单位或开户银行的全称设置明细账,造成在其名称上不具体、不明确,以至于相互混淆或与其他有关明细账户相混。

(2)未将剩余的或由于其他原因需要退回的专户存款及时结清。

对于未使用完的或由于其他原因需要办理退款手续的外埠存款、银行汇票存款、银行本票存款等,应及时足额地办理退款手续。在账务处理上应借记"银行存款"科目,贷记"其他货币资金"(有关明细账户)科目。

但是,在实际工作中却存在着许多需要办理退款手续的有关专户存款未及时、足额地予以办理的问题。

9.其他货币资金业务中错弊的查证方法有哪些?

(1)查阅各种存款日记账,查证各种专户存款开立是否必要。如外埠存款是否因临时、零星采购物资所需而开立,信用证存款是否确实因在开展进出口贸易业务中采用国际结算方式所需而开立。

(2)要求企业提供各种书面文件,查证开立各种专户存款是否经过适当的审批手续,其数额是否合理。

(3)从日记账记录中抽出数笔业务查证其原始凭证和记账凭证,查证各种存款户支用款项是否合理,即是否按原定的用途使用,是否遵守银行的结算制度,采购业务完成之后是否及时办理结算手续,有无非法转移资金的现象等。

(4)对于在途货币资金,应根据汇出单位的汇款通知书,查证在途货币资金的形成是否真实,在途货币资金发生后是否及时入账,收到在途货币资金后是否及时注销,对于长期挂账不注销或一直未收到款项的应查明原因。

10.在途货币资金业务的查证技巧有哪些?

(1)审查"其他货币资金——在途货币资金"明细账,分析其入账时间及占用时间,若发现占用时间较长,则作为疑点,进一步审查。

(2)调阅凭证,追踪调查付款单位,并在此基础上审查银行对账单,查明有无已收款未转账,或收款的银行存款已转出的情况。

(3)若付款单位确实已付款,在银行存款日记账和对账单未作任何反映,应审查付款单位付出款项时填写的收款审查有无差错,银行收款有无错误,若无误,则应对在途货币资金的经办人进行调查,查明其有无贪污或其他违法活动。

第六章 针对存货业务常见错弊的查证

第一节 存货内容概述

1. 什么是存货？

存货,是指企业在日常生产经营过程中持有以备出售,或者仍然处在生产过程,或者在生产或提供劳务过程中将消耗的材料或物料等,包括各类材料、商品、在产品、半成品、产成品等。存货的具体类别如下：

（1）商品。指企业为销售而购入的物品。商品在其销售以前,保持其原有实物形态。

（2）产成品。指企业加工生产并已完成全部生产过程,可以对外销售的制成产品。

（3）自制半成品。指企业部分完工的产品。它在销售以前还需进一步加工,也可以作为商品对外销售。

（4）在产品。指企业正处于加工过程中,有待进一步制造的物品。

（5）材料。指企业用于制造产品并构成产品实体的购入物品,以及购入的供生产耗用的不构成产品实体的辅助性材料等。外购的零部件一般也归入此类。

（6）包装物和低值易耗品。指为了包装本企业产品而储备的各种包装容器和由于价值低、易损耗等原因而不能作为固定资产的各种劳动资料。

2. 存货的核算原则有哪些？

（1）存货在取得时，应当按照实际成本入账。实际成本按以下方法确定：

①购入的存货，按买价加运输费、装卸费、保险费、包装费、仓储费等费用、运输途中的合理损耗、入库前的挑选整理费用和按规定应计入成本的税金以及其他费用，作为实际成本。

商品流通企业购入的商品，按照进价和按规定应计入商品成本的税金，作为实际成本，采购过程中发生的运输费、装卸费、保险费、包装费、仓储费等费用、运输途中的合理损耗、入库前的挑选整理费用等，直接计入当期损益。

②自制的存货，按制造过程中的各项实际支出，作为实际成本。

③委托外单位加工完成的存货，以实际耗用的原材料或者半成品以及加工费、运输费、装卸费和保险费等费用以及按规定应计入成本的税金，作为实际成本。

商品流通企业加工的商品，以商品的进货原价、加工费用和按规定应计入成本的税金，作为实际成本。

④投资者投入的存货，按照投资各方确认的价值，作为实际成本。

⑤接受捐赠的存货，按以下规定确定其实际成本：

- 捐赠方提供了有关凭据（如发票、报关单、有关协议）的，按凭据上标明的金额加上应支付的相关税费，作为实际成本。
- 捐赠方没有提供有关凭据的，按如下顺序确定其实际成本：同类或类似存货存在活跃市场的，按同类或类似存货的市场价格估计的金额，加上应支付的相关税费，作为实际成本；同类或类似存货不存在活跃市场的，按该接受捐赠的存货的预计未来现金流量现值，作为实际成本。

⑥企业接受的债务人以非现金资产抵偿债务方式取得的存货，或以应收债权换入存货的，按照应收债权的账面价值减去可抵扣的增值税进项税额后的差额，加上应支付的相关税费，作为实际成本。涉及补价的，按以下

规定确定受让存货的实际成本：

- 收到补价的,按应收债权的账面价值减去可抵扣的增值税进项税额和补价,加上应支付的相关税费,作为实际成本；
- 支付补价的,按应收债权的账面价值减去可抵扣的增值税进项税额,加上支付的补价和应支付的相关税费,作为实际成本。

⑦以非货币性资产交易换入的存货,按换出资产的账面价值减去可抵扣的增值税进项税额后的差额,加上应支付的相关税费,作为实际成本。涉及补价的,按以下规定确定换入存货的实际成本：

- 收到补价的,按换出资产的账面价值减去可抵扣的增值税进项税额后的差额,加上应确认的收益和应支付的相关税费,减去补价后的余额,作为实际成本；
- 支付补价的,按换出资产的账面价值减去可抵扣的增值税进项税额后的差额,加上应支付的相关税费和补价,作为实际成本。

⑧盘盈的存货,按照同类或类似存货的市场价格,作为实际成本。

(2)按照计划成本(或售价,下同)进行存货核算的企业,对存货的计划成本和实际成本之间的差异,应当单独核算。

(3)领用或发出的存货,按照实际成本核算的,应当采用先进先出法、加权平均法、移动平均法、个别计价法等确定其实际成本；按照计划成本核算的,应按期结转其应负担的成本差异,将计划成本调整为实际成本。低值易耗品和周转使用的包装物、周转材料等应在领用时摊销,摊销方法可以采用一次摊销法或者分次摊销法。

(4)存货应当定期盘点,每年至少盘点一次。盘点结果如果与账面记录不符,应于期末前查明原因,并根据企业的管理权限,经股东大会或董事会,或经理(厂长)会议或类似机构批准后,在期末结账前处理完毕。盘盈的存货,应冲减当期的管理费用；盘亏的存货,在减去过失人或者保险公司等赔款和残料价值之后,计入当期管理费用,属于非常损失的,计入营业外支出。

盘盈或盘亏的存货,如在期末结账前尚未经批准处理的,应在对外提供财务会计报告时先按上述规定进行处理,并在会计报表附注中作出说明；如果其后批准处理的金额与已处理的金额不一致,须按其差额调整会计报表相关项目的年初数。

(5)企业的存货应当在期末时按成本与可变现净值孰低计量,对可变现净值低于存货成本的差额,计提存货跌价准备。在资产负债表中,存货项目按照减去存货跌价准备后的净额反映。

3. 为什么要对存货进行内部控制审查?

存货作为流动资产的重要组成部分,具有流动性弱、种类杂、数量多、收发频繁等特点,存在采购、入库、保管、领发、使用等生产经营实物运动,在企业滞留时间长,且与其价值运动及其增值的过程密切相关,对其核算的会计账户多,内部流转和结算关系复杂。如果管理上稍有疏忽,不仅造成滥用浪费,而且给贪污盗窃者以可乘之机,部分企业也往往把存货作为调节成本和利润的"蓄水池"。因此,对存货内部控制制度进行审查是一项重要工作。

4. 存货内部控制制度的主要内容有哪些?

存货内部控制制度主要有职责分工、授权审批、独立检查、实物控制四个方面。

(1)职责分工。

为保证所采购的物资确为企业生产经营所需及其价款的合理性,为保证存货及时入库和正常出库等,在采购、验收、发货、储存和记录等方面应实行职责分工,主要有:

①购货方面。提出采购申请与批准采购申请相互独立,以便加强对采购的控制;批准请购、采购部门与验收部门应相互独立,防止采购部门购入过量或不必要物资而对企业整体利益产生损害;采购审批、合同签订、合同审核相互独立,防止虚列支出。

②发货和储存方面。存储部门与生产或使用部门相互独立,防止多领材料或存货被盗;产成品生产与检验相互独立,防止不合格产品入库和售出;存货盘点由独立于保管人员以外的其他部门人员定期进行,保证盘点的

真实性;存货的保管与会计记录相互独立,防止篡改会计记录、财产流失。

③记账方面。验收部门与财会部门相互独立,保证按真实收到的商品数额登记入账。

(2)授权审批。

①购货审批。企业内部应建立分级采购批准制度,只有经过授权的人员才能提出采购申请,采购申请应经过独立于采购和使用部门的被授权人的批准,防止采购部门购入过量或不必要的商品,或者为取得回扣等个人私利而牺牲企业利益。

②发货审批。经过批准手续才能领料;产品完工后需要经过检验才能入库;拿到核准的发出通知单才能发出产品。

③储存审批。存货报废时要经过专门小组审批;存货盘盈或盘亏的账务处理要经过授权人批准。

(3)独立检查。

①购货检查。由独立于业务经办人员的人对卖方发票、验收单、订购单、请购单进行独立检查,确保实际收到的商品符合订购要求。

②记账检查。定期核对采购日记账和应付账款明细账,检查付款凭单各项目的填写是否与卖方发票一致;检查采购形成的负债业务的真实性、实有数额及到期日等;检查付款凭单计算的正确性、付款记录的及时性和准确性。

(4)实物控制。

实物包括企业的资产、物资以及会计资料等。实物控制是指为保护各种实物的安全完整,防止舞弊行为而进行的控制。

①对存货的控制。加强对验收入库存货的实物控制,限制非授权人员接近存货;验收部门人员应独立于仓库保管人员;加强对退货的实物控制,货物退回时要有经审批的合法凭证;定期盘点、检查存货管理情况;保管与记录严格分工等。

②对会计资料的控制。查看会计资料仅限于经批准的有关人员,其他有关人员未经批准不得随意接近和查看,以免发生篡改、销毁等事件。特别

应注意对支票的实物控制,不得让核准或处理付款的人接触支票;未签发的支票应予以安全保管;作废的支票应予以注销或另加控制,防止重复开具支票等。

5. 存货内部控制制度怎样审查?

(1)了解存货内部控制制度。

运用审阅法、实地观察法等了解存货内部控制制度,包括采购、验收入库、领发、保管等方面是否建立了必要的制度,以确保存货资金的安全、完好和合理使用。

审阅有关物资采购、仓库保管、付款等方面的制度文件;观察验收部门是否独立于仓库保管和记账职责,采购职责是否与批准采购部门、验收货物部门分离,有无分级授权采购制度,主要控制环节是否有效等。

(2)抽查部分采购业务。

①抽查范围。根据重要性原则确定抽查范围,对采购物品较重要或金额较大的采购业务进行重点审查。

②抽查方法和审核内容。从采购部门的业务档案中抽取订货单样本,索取相关的文件资料,沿着采购业务的正常程序进行追踪,并进行相关的检查与验证,主要审核的内容有:

- 核对所申请采购的物资是否为本单位业务所需要,是否与采购计划相一致,特别应注意紧缺、贵重、日常生产所需要的物资。
- 检查合同是否经过有关部门审查,核对卖方发票上所购物品的数量、规格、品种与合同是否一致。
- 核对采购合同上确定的价格是否与市场现价相一致,有无舍近求远、舍低就高的问题。
- 检查外购物资计价是否正确,特别当被查单位采用永续盘存制核算时,复核其计价的准确性。
- 检查在途材料是否及时组织运输,特别注意对长期在途材料的检查。

(3)抽查部分领料和储存业务。

①审查领发物资是否为生产或业务所需要,手续是否完备,发料凭证是否连续编号。

②发出材料的剩余料是否办理了退料手续,有无以领代耗的问题。

③委托外单位加工材料的协作关系是否正常,耗料情况是否合理,出入库手续是否健全,余料是否退回等。

④材料销售业务是否正常,计价是否合理,有无将紧缺材料压价销售的情况。

(4)监盘存货。

查账人员应实地察看存货的存放场所,监督被查单位对存货进行盘点,特别对于金额较大或性质特殊的存货,应进行适当的抽查。如果抽查时发现差异,查账人员应当查明原因,及时提请被查单位更正。如果差异较大,应当扩大抽查范围或提请被查单位重新盘点。

6. 存货盘点的意义是什么?

盘点也叫实物清查、盘存、清点,是通过对财产物资的清点、计量和技术测算等手法,来证实账面记录的财物是否真实和确实存在的查账技术。盘点实施于账实核对之先,是检查财产物资、收取实物证据、证明账面数据、落实查账结果的重要手段。

盘点法按照其具体做法不同,可分为直接盘点和间接盘点。直接盘点也叫亲自盘点,是查账人员亲临盘点现场,组织和实施盘点,并要求被查单位有关人员协作的盘点方法;间接盘点也叫监督盘点、会同盘点,是查账人员不亲自执行盘点,而是由被查单位的有关业务人员或保管人员实施盘点,查账人员在现场对其盘点进行指导、观察、监督的盘点方法。在实践中,除一些特殊情况外,查账人员一般采用间接盘点法。

盘点法是检查有形资产的方法,对无形资产的盘点无效。

对于查账盘点的范围,查账人员应根据财产物资品种的多少和其内部控制的强弱程度以及查账环境来决定。

7. 日常如何对存货进行盘点？

一般来说，对现金、有价证券和贵重物资、稀缺物品等应采用详细盘点的方法，全部实施盘点和核对；对原材料、商品、产品、在产品、低值易耗品、包装物、半成品、备件、零部件等，其价值活动中，品种繁多、收支频繁、储存地点分散、数量繁杂，要根据查账人力、财力的情况和查账目的要求，采用判断抽样盘点或随机抽样盘点法，也可以将两者结合起来，或采用 ABC 盘点法。

判断抽样和随机抽样结合实施盘点，一般是先采用判断抽样，确定重点盘点项目，诸如对财产保管、内部控制薄弱环节、涉嫌错误或舞弊的财产物资、长期存放但不经常使用的财物、贵重物资或市场紧缺物资、将要移作生活用途的物品等，将其列为第一序列，全部进行盘点检查；然后将品种、规格、数量、型号繁多、价值适中的存货资产，列为第二序列，实施随机抽样盘点，部分进行检查。

ABC 法是运用 ABC 分析法原理对财产物资进行分类盘点检查的方法。ABC 法原本是企业物资分类管理的科学方法，根据这一原理，将企业所有物资划分为 A、B、C 三类，分别采取不同的管理对策实施控制。查账过程中查账人员可以利用被查单位内现成的划分，根据查账计划要求确定各类物资盘点的比重，直接计算出需要抽查的品种和数量。这种方法既简便可行又安全可靠。如果被查单位未实行 ABC 管理法，查账人员可以利用该法的原理，将其财产物资进行科学划分，并依此进行分层盘点检查，具体的办法是：

首先，理出被查单位应查物资的品种和数量，并列出清单。

其次，按照其价值大小（同时列出品种、数量、消耗等标志）进行排序，金额由大到小排列。

最后，按照重要性划分三个层次，A 类物资系单位价值高、用量多、消耗金额比重大和保管条件差（或保管条件要求苛刻）的材料，作为重点盘点物资；C 类物资系单位价值低、用量少、消耗金额比重小和保管条件要求一般，作为随机抽样盘查的一般物资；列入 A 类和 C 类之间的是 B 类物资，实施判断抽样盘点。一般A类物资价值占全部物资价值的75%以上,其品种或数量占总数的10%左右,C类物资价值占全部价值的10%以下,其品种或数量占全部的50%以上,其间是B类物资。

在盘点财产物资时,要注意以下问题:

(1)盘点应尽量采用突击盘点的方式,特别是对被查单位重要的财产物资(主要是流动资产,如货币资金、贵重金属、有价证券、有关票据单证、易移为生活用途的物资等)进行清查更是如此。突击盘点的效果有时是通知盘点无法比拟的,突击使被查单位的有关保管人员和财会人员事先无法"布防",尚来不及填补便置于检查之下。因为有些财产物资造假、对付盘点检查十分容易,只需几分钟即可完成,如对付现金盘点,财务部门可以从本部门财会人员口袋里拼凑出足够的现金垫入金库,而查账人员对此难以辨识,企业也还可以将其财产物资从一处迅速移动到另一处,以应付检查,所以实施突击盘点能取得攻其不备的效果,为保证这一效果对同类物资的盘点应实施同步检查,对不能同步盘点的,应采取封存等暂时的保全方法。

(2)妙用监督盘点。通知盘点时,查账人员要与被查单位有关人员商议盘点的分工,由查账人员提出盘点清单,交被查单位执行,同时静观其反映,对被查单位反映强烈或冷淡的盘点物资,查账人员应特别注意盘查监督;在监督盘点中发现异常的物资,而被查单位有意回避或转移视线的,应改为查账人员亲自盘点;对查账盘点后发现错假问题不大的物资,可中途交由被查单位盘点(改为监督盘点)。监督盘点应有所侧重,对重要物资、容易出错的物资要严加监督,抽样复核,对一般物资可适当放宽。记住监督盘点的重点不仅仅监督物,还要监督人,不仅要视其结果,而且要分析其过程。

(3)盘点不仅要实施清点,而且还要检查与其相关的其他物件,如白条、票据、其他抵押物等,这些物品常常与财产物资的变动相关,查账人员应注意分析取证,发现异常、弄清事由;对物资的查证不但要检查其数量、价值,还要结合有关账面记录检查其归属性、质量和流动方向;经济领域违法乱纪活动的发生不仅出现于财产物资的数量和计价之中,而且经常出现于其所有权、使用权及其流转变动之中。

(4)盘点的时间一般选择于上班前或下班后,这不仅对被查单位正常业务的影响最小,而且对形成检查工作结论最为有利。例如,如果选择了上班时间实施盘点,经清点发现被查单位现金库中存放有大量现金,查账人员无法确定其是否为现金超限,因为被查单位存在着下班后解送银行的可能,因此发现时还不构成错误;但查账人员上班前或下班后查出其现金在库里"过夜",现金超限的事实清楚,容易做出定性和定量分析的结论。

(5)参加盘点的人选最好选配两人以上查账人员,至少一位被查单位财务部门(盘点现金)或仓库(盘点库存)保管部门的人员参加,但也不宜让被查单位派多人介入,因为人多手杂,容易出现错误和混乱。参加盘点的人员不能完全听任被查单位指派,特别是不能让违法乱纪的嫌疑人员参与;在亲自盘点中,盘点的分工应由查账人员决定,被查单位有关人员也可以适当参与协作,在监督盘点中,查账人员应清楚盘点的程序,并严格按照既定的程序执行,任何改变程序、减少工作环节的举动都要被查单位有关人员做出说明。

(6)如遇到盘点日与被查单位结账日不一致,查账人员应对其进行调节,调节法经常用于核对法和核实法之前,即先对一些不具可比性内容进行"处理",使之同处于一个起点,具有基本可比性。一般需要调节的内容有计量单位、时间单位、计算方法、完工程度、价值、价格等。

(7)区分对待固定资产盘点与存货(或其他流动资产)盘点。

存货和固定资产具有不同性质,不同的核算和管理特点,具有不同错弊形式和表现,因此对其盘点检查也应体现出内容和形式的侧重。

存货盘点地点灵活,可于财务部门、生产部门、仓库等保管部门、销售部门和其他存货的存放地;而固定资产因为移动性差,对其盘点多于坐落地或动转地。

存货的盘点主要是对其数量和价值的清查,而固定资产的盘点主要是对其品名、型号、规格、新旧程度、使用年限、运行状况等的核对。

存货盘点主要采用清点、计量、盘查等方法,而固定资产盘点主要采用观察、询问、审阅等技术方法。

存货盘点大多应采取突击盘点,并需要较多的人员和时间,而固定资产盘点可不采用突击形式,所需的时间和精力相对要少。

第二节　存货取得业务的错弊及查证

1.存货取得业务常见错弊形式有哪些?

按照《企业会计准则》的规定,企业取得存货时,应按照实际成本计价。但在查账中,发现部分企业存在对存货范围的确定不正确,计价内容不准确,故意多计或少计存货的价值等问题。

(1)将不属于存货范围的物资作为存货进行管理和核算。

我们知道,存货属于企业的流动资产。具体地讲,存货包括各类原材料、在产品、产成品等。

按照现行《企业会计准则》和税收法规的规定,企业购入对外销售的存货时,可以确认进项税额,从而抵扣增值税。而购入用于自用的存货时,则不能抵扣增值税,必须将进项税额转出。

(2)外购存货时,计价不准确。

根据《企业会计准则》的规定,工业企业外购存货的采购成本包括买价、运杂费、运输途中的合理损耗、入库前的挑选整理费用等。但在实际工作中,有些企业对外购存货的采购成本核算不正确,出现的问题主要有:

①尽量少计存货成本。外购存货时,只核算购入时的买价,而将应计入各种存货采购成本的运杂费、运输途中的合理损耗和入库前的挑选整理费用等全部记入"管理费用"账户,造成存货成本虚减。

②多计存货成本。采取"放虎归山"的手段,把运输途中因供应单位少发、运输部门责任、责任人过失和被盗等原因造成的短少的材料,全部计入外购存货的采购成本,造成存货成本虚增。不仅放走坏人,而且使企业和国

家的财产遭受损失。

③对存货购进或退出时增值税的处理不正确。按税法规定,增值税一般纳税人企业外购材料或商品时,在购进环节应按买价和规定的增值税税率计算和支付增值税,并且对于工业企业购进材料时所支付的运输费,也应按7%的比例计入增值税,单独反映在"应交税费——应交增值税(进项税额)"账户的借方,不计入存货成本。

在查账中,发现部分企业对增值税的处理不够规范,出现的问题主要有:

- 购进存货时少计进项税额。将进项税额的全部或一部分计入了存货成本,虚增存货成本,少计进项税额。
- 购进存货时多计进项税额。将应计入存货成本的支出如保险费、入库前的挑选整理费用等反映在"进项税额"专栏,虚增进项税额,少计存货成本。
- 发生退货时,未冲销进项税额。在进货退出的情况下,有意将本应冲销"应交税费——应交增值税(进项税额)"的退回增值税款作为"应付账款"或"营业外收入"、"其他业务收入"等处理,不冲销进项税额,从而少交增值税。

案例 6-1

2012年8月12日,某造纸厂发生一笔进货退回业务,转账凭证上对应的会计分录为:

  借:银行存款   70 200

   贷:应付账款   10 200

     原材料   60 000

该凭证所附的原始凭证是一张银行收款通知及一张红字发票,查看原始凭证记录并询问当事人,得知收款原因是已购买的材料由于质量不符合要求而退货给供应方,应将"贷:应付账款"改为"贷:应交税费——应交增值税(进项税额)"。

④进货时发生的折扣、折让和回扣款的处理不正确。外购材料或商品在购进环节发生销货折扣和折让时,一般应按总价法记账。有些企业对购货折扣款和回扣款的处理不正确或有意不处理而贪污折扣款或回扣款,同时也影响存货购进成本的真实性和可比性。

⑤多种材料之间费用分摊不正确。将应当按照一定比例在各种材料之间进行合理分摊的采购费用,全部计入某种主要材料的采购成本,从而加大了主要材料的采购成本却减少了其他材料的采购成本。

案例 6-2

> 某企业从木材厂购入圆木 40 吨,价款 16 000 元,购入其他木料 30 吨,价款 10 000 元,运杂费共计 1 500 元,企业将运杂费 1 500 元全部计入圆木采购成本,从而多计了圆木成本,少计了其他木料成本,造成各种材料的采购成本核算不实。

(3)任意虚列委托加工存货的成本。

企业委托其他单位进行加工的材料的实际成本包括加工中所耗用材料的实际成本、支付的加工费用以及为加工材料支付的运输费用等。

在审查中,发现部分企业财务人员利用企业委托外单位加工各种材料的机会,接受贿赂和回扣,或者与受托加工单位合谋,有意多计加工费用或不收回剩余材料,取得现金回扣,私分公款,同时也虚增了存货成本。

案例 6-3

> 伟达集团公司委托滨海家具厂加工一批家具,发出原材料(杉木)一批,价值为 25 000 元,在加工过程中,支付运杂费共 2 000 元,按委托加工协议规定,加工费用为 8 000 元,增值税 1 360 元。但该企业用支票支付给加工单位的加工费用 14 040 元(其中增值税额 2 040 元),多支付 4 680 (14 040 - 8 000 - 1 360)元,然后又从加工单位取得了 3 500 元的现金回扣并将其私分。

(4)接受捐赠的存货不入账。

按《企业会计制度》规定,对于接受捐赠的存货,应按捐赠方提供的发票金额或同类存货的市场价格入账核算。但有些企业对接受捐赠的存货有意不入账,形成账外财产或将其出售后形成"小金库"。

(5)存货有关账户设置不科学、不合理。

对于存货,既要设置总账账户进行总分类核算,也要设置明细账户进行明细核算,必要时还应设置备查簿进行辅助核算。

对存货账户的设置,应考虑企业自身的特点,以使其符合本企业的需要。在检查中发现部分企业有关存货账户设置不科学、不合理。如对明细账反映不够全面、详细,或未设相应的备查账簿进行登记等,从而削弱了对存货进行实物管理的控制,造成存货大量丢失、被盗、毁损等。

2. 存货取得业务查账方法与技巧有哪些?

查账的一般程序和方法如下:

(1)审查有关存货账户设置的科学性和合理性。

为了审查有关存货账户设置的科学性和合理性,查账人员应做的主要工作有:审阅有关存货的会计资料,以便了解有关存货账户的设置情况;调查企业对存货会计核算和管理的具体要求,以及对存货的实物管理情况、账实核对情况等;分析存货账户的设置是否科学合理,能否满足企业的实际需要。

(2)查阅银行存款日记账,特别应关注其摘要中的记录。

通过查阅银行存款日记账,可以审查:存货购进过程中进货费用以及增值税的会计处理是否正确;对折扣的处理是否正确;是否存在账外存货等。

(3)查阅"应交税费——应交增值税"明细账。

审查增值税的处理是否正确,可以通过审查"应交税费——应交增值税"明细账及相关的会计凭证,特别应重点审查增值税专用发票或普通发票,核对账证、证证是否相符,相关的会计处理是否正确。

(4)实地观察盘点存货。

证实存货数量的最有效途径是对其进行整体盘点,有关盘点应注意的主要问题如下:

①查账人员必须合理、周密地安排盘点程序并谨慎地予以执行;

②盘点的时间应尽量接近年终结账日;

③在盘点时应尽可能采取措施以提高盘点的有效性,比如各存放点同时盘点、停止存货流动以及盘点数额达到合理的比例等。

(5)从账外寻找问题的突破口。

对于接受捐赠或购进溢余不入账的问题,仅仅审阅、核对会计资料有时很难发现问题,必须通过调查询问,从账外寻找问题的突破口。

第三节 存货发出业务的错弊及查证

1. 存货发出业务常见错弊形式有哪些?

(1)存货发出时选用的计价方法不合理、不适当。

企业发出存货的原因很多,主要有生产领用、对外投资、对外捐赠等。企业的经营性质不同,经营规模不同,存货收发的频繁程度不同,则存货发出的计价方法的选用也应有所不同。

按《企业会计制度》规定,企业发出存货时,可以按实际成本核算,也可以按计划成本核算,两种计价方法各有其优缺点和适用范围,企业应根据自身实际生产经营管理的需要和实际情况并结合每一种计价方法的特点来选用存货计价方法。

在查账中,出现的问题主要有:

①实际成本法和计划成本法选用不当。

我们知道,对于存货种类不多、管理制度不够健全的小型企业应采用实际成本法进行核算,但部分这类企业却选用了计划成本法对存货进行日常核算，造成存货计划成本的制定缺乏依据和稳定性；而一些存货品种较多的大型企业应采用计划成本法核算却选用了实际成本法，从而增加了核算的工作量，不能适应存货管理和核算的需要。

②采用实际成本法核算时计价方法选择不当。

采用实际成本法核算存货的企业，不能根据存货的实物流转方式、企业管理要求、存货的性质等实际情况来确定发出存货的具体计价方法。

按照2006年财政部制定的《企业会计准则第1号——存货》的规定，按实际成本核算的企业，可以选用先进先出法、加权平均法或者个别计价法确定发出存货的实际成本。企业应根据存货的实物流转方式、企业管理要求、存货的性质等实际情况，合理地选择和确定发出存货的计价方法。

在查账中，主要问题是部分企业没有将自身实际情况与每种计价方法的适用范围、特点结合起来。

例如，某电子配件厂，由于电子配件增减变动比较频繁，品种规格也较多，适合采用加权平均法计算出发出成本，但该厂却选用了个别计价法，从而增加了核算工作量，也给业务、仓库等部门的管理工作增加了难度。

(2)随意变更存货的计价方法。

根据会计制度规定，企业可以根据自身的需要选用制度所规定的存货计价方法，但选用的方法一经确定，年度内不能随意变更，如确实需要变更，必须在会计报表中说明原因及其对财务状况的影响。

但在查账中，发现部分企业存在随意变更计价方法的问题，造成会计指标前后各期口径不一致，缺乏可比性。有些企业甚至人为通过变更计价方法来调节生产或销售成本，调节当期利润。

(3)人为地多计或少计发出存货的成本。

有些企业为了达到隐匿或虚报收益的目的，采用各种不正当手段，多计或少计发出存货的成本。出现的问题主要有：

①有意降低或提高成本差异率。

- 有意调低成本差异率。在审查中，发现部分按计划成本核算的工业企业，有意确定较高的计划成本，使计划成本远远高于实际成本，表现为"材料成本差异"贷方余额,领用存货时按计划成本数额转入"生产成本"等账户,但月末结转材料成本差异时,故意以较低的成本差异率调整发出存货的计划成本,隐匿利润。

- 有意提高成本差异率。在审查中,发现部分按计划成本核算的工业企业,领用存货时,故意提高成本差异率,从而高估发出存货的计划成本,达到虚减利润,逃避和少交所得税的目的。

②月末通过虚转成本的方法达到隐匿利润的目的。

在检查中,发现部分按实际成本核算存货的企业,月末虚构领料业务,按虚假的原始凭证编制借记"生产成本",贷记"原材料"的会计分录,虚增当期生产成本;月末结转产品销售成本时,采用虚转的方法,借记"主营业务成本",贷记"库存商品",虚增当期销售成本,隐匿利润,少交所得税。

(4)存货改变用途时,有意不转出相应的进项税额,也不确认应缴纳的增值税额。

根据《增值税暂行条例》规定,已抵扣进项税额的购进货物或应税劳务,如果领用时改变用途(如用于集体福利或个人消费等),应将该货物或应税劳务的进项税额转出。将自产、委托加工的货物用于集体福利、个人消费或无偿赠送他人等行为,应视同销售货物,需要计算并缴纳增值税。

在检查中,发现部分企业在存货改变用途时,在结转相应存货成本的同时,有意不转出相应的进项税额,也不确认应缴纳的增值税额,从而少交增值税。

(5)发生非货币性资产交易时,有意不处理。

根据税法和《企业会计制度》的规定,企业之间交换存货时,属于非货币性资产交易,应视同销售,并计算和缴纳相关税金。

在查账中,发现部分企业发生非货币性资产交易时,不结算、不进行账务处理,偷逃流转税,虚减销售收入,隐瞒了利润。

(6)假借报销样品等方式,将发出的存货予以私分或出售后存入"小金库"。

以报销样品、材料或产成品报损的方式,将发出的存货予以私分或出售后存入"小金库",造成国家财产流失,并增加了当期费用。

2. 存货发出业务的查账方法与技巧有哪些?

对于存货发出业务的审查,重点是审查存货发出价值的确定是否正确、合理。发出存货价值的确定是否正确,直接影响到当期销售成本,影响当期损益和税金的计算,也直接影响到各期期末存货价值的确定,从而影响到资产负债表中的相关项目。要正确而合理地确定发出存货的价值,首先应正确运用存货发出的计价方法,因为采用先进先出法、加权平均法、个别计价法所计算出来的存货价值将不可避免地存在差异。

查账的一般程序和方法如下:

(1)审阅与发出存货相关的会计资料,判断其选用方法的合理性及一致性。

查账员应首先询问企业有关人员,了解其存货计价方法选用情况,调查该企业存货管理和核算方面的基本情况,确定选用的方法是否合理。

查阅有关财务指标,分析对比各个会计期间财务指标有无异常变化,核查各期采用的计价方法是否一致等。

(2)审查"材料采购"、"原材料"、"材料成本差异"明细账。

查阅、核实有关材料的会计资料,复核企业有关计算结果,查证材料成本差异与以前相比是否存在较大波动,当期生产成本、销售成本及利润等指标是否有较大波动等。

(3)审查"库存商品"明细账。

对于采用实际成本计价的企业,查阅"库存商品"明细账,对比各期的销售数量和成本水平,抽查并复核库存商品明细账贷方记录,检查是否按规定的程序和方法采用了正确的计价方法,单价的计算结果是否正确等。

例如,审查企业采用加权平均法计价时,有无故意按高于或低于正确的加权平均单价的价格计算发出库存商品的成本的情况;审查企业是否按规定的程序和方法确定应采用的单价,是否存在随意定价的情况等。

第四节　存货储存与盘点业务的错弊及查证

1. 存货储存与盘点业务常见错弊形式有哪些？

（1）确定存货结存数量的方法选择不当。

按照《企业会计制度》规定，企业应根据存货的具体特点分别采用永续盘存制和实地盘存制来确定存货的结存数量。但在查账中，发现部分企业在存货的结存数量方面存在一些问题，主要表现为以下三方面：

①对于应该采用永续盘存制确定结存数量的存货却采用了实地盘存制，从而将由于计量差错、自然损耗、管理不善等原因造成的存货短缺挤入正常发出数中，不利于存货的管理。

②对于应该采用实地盘存制确定结存数量的存货却采用永续盘存制，增加了企业存货核算的工作量。

③未按规定的程序进行操作，未执行定期盘点制度，造成存货结存数量不准确。

（2）存货账实不符。

采用永续盘存制确定存货结存数量时，按规定应对存货进行定期盘点，以确定账实是否相符。但在查账时，发现有部分企业由于对盘点工作不认真、不细致，或不经常盘点，造成存货账实不符。

（3）未按规定的程序和方法及时处理存货的盘盈和盘亏。

企业应定期或不定期地对存货进行盘点，当发生盘盈、盘亏或毁损时，除运输途中的合理损耗外，应按规定的程序和方法，通过"待处理财产损溢"账户及时进行调整。

对于发生盘盈的存货，经查明，如果是由于收发计量或核算上的误差等原因造成的，应及时办理存货入账的手续，调整增加存货的实存数，同时按同类或类似存货的市场价格作为实际成本记入"待处理财产损溢"账户。按规定报经批准后,冲减"管理费用"。

例如,当发现材料盘盈,批准处理前,应借记"原材料",贷记"待处理财产损溢";批准处理后,如果属于材料收发计量方面的错误,应借记"待处理财产损溢",贷记"管理费用"。

对于盘亏或毁损的存货如原材料,批准处理前,应借记"待处理财产损溢",贷记"原材料";报经批准后,应根据盘亏或毁损原因作相应处理。如果属于运输途中的合理损耗,应直接计入存货成本;对于仓库保管过程中的自然损耗应计入管理费用;由于计量收发差错和管理不善等造成的损失,应先扣除残料价值、可以收回的保险赔款和过失人的赔款,然后将净损失计入管理费用;由于自然灾害或意外事故造成的损失,应先扣除残料价值、可以收回的保险赔款,然后将净损失计入营业外支出。

在查账中,发现部分企业存在对存货盘盈、盘亏有意不处理或进行错误处理的情况,主要包括:

①对存货盘盈有意不处理或进行错误处理:

● 发生存货盘盈后,有意不进行账务处理,隐匿不报、虚减利润。

● 发生存货盘盈后,未按规定将其转入"待处理财产损溢"账户,而是将其私分或私自出售后私分货款或将货款存入"小金库"。

案例6-4

> 某棉花采购站在财产清查中盘盈甲级棉花200千克,市场价格每千克36元,即总价值7 200元。该采购站财务科没有按规定将其转入"待处理财产损溢"账户,而是将200千克棉花分给了财务科人员和仓库保管员,共5人,每人分得40千克。

● 对存货盘盈进行错误处理,计入营业外收入或其他业务收入等。

②对存货盘亏有意不处理或进行错误处理:

● 对盘点后发生的存货盘亏长期挂账,不进行处理,造成存货长期账实不符。

- 为了确保企业利润目标的实现,将应计入当年损益的材料盘亏或毁损潜入"其他应收款"账户中,以便调节当期利润,掩盖企业亏损。

- 将存货私分或送给关系户,并将其因此减少的部分在盘点时挤入盘亏中,作为企业的损失或费用处理。

例如,某金属构件厂仓库保管员王某与厂外不法分子何某相勾结,将仓库中的物品偷运出库,以十分低廉的价格出售给何某。盘点时,财务人员因与王某关系好,碍于情面,未予追究,而是将盘亏全部作为营业外支出进行了处理。

- 对由于管理人员责任事故、管理不严造成的存货丢失、毁损等,将应由管理人员负责赔偿的部分作为非常损失或管理费用处理。

(4)存货在储存过程中发生非正常损失时,相应的进项税额未转出,增加了增值税的抵扣额。

按照税法和《企业会计制度》的规定,存货发生非正常损失时,应将其在购进环节支付的增值税进项税额转出,与存货实际成本一起计入营业外支出。但在查账中,发现部分企业未按规定的办法执行,未转出增值税进项税额,从而增加了增值税的抵扣额,少交增值税。

案例 6-5

某家具厂 5 月份发生火灾,损坏了一批木材,材料成本为 8 000 元,增值税进项税额为 1 360 元。该厂填制的转账凭证中对应的会计分录为:发生时,借记待处理财产损溢 8 000 元,贷记原材料 8 000 元;报批准后,借记营业外支出 8 000 元,贷记待处理财产损溢 8 000 元。该厂确认了相应存货的损失即木材的成本 8 000 元,但没有转出相应的进项税额 1 360 元。正确的会计分录应为:

发生时:

 借:待处理财产损溢   9 360

  贷:原材料   8 000

   应交税费——应交增值税(进项税额转出) 1 360

报经批准后：

借：营业外支出　　　　　　　　　　　　　　　　9 360
　　贷：待处理财产损溢　　　　　　　　　　　　　9 360

(5) 存货积压期长，占用资金数额大，结构不合理。

存货在储存环节应该有一个合理的储存量以适应生产经营的需要，存货应保持流动性、结构合理性。但在查账中，发现的问题主要有：积压期比较长、占用资金比较多，影响了企业资金周转，使存货成为事实上的长期资产；在存货构成上不够合理，质次价高、冷货积压、假冒伪劣存货占的比例较高等。

2. 存货储存与盘点业务的查账方法与技巧有哪些？

要使存货期末计量正确，首先要求存货数量的确定正确，而存货数量要靠盘存来确定。常用的存货盘存方法主要有实地盘存法和永续盘存法。

实地盘存法也称定期盘存法，是指会计期末通过对全部存货进行实地盘点确定期末存货的数量，再乘以各种存货的单价，计算出期末存货的成本，并据以计算出本期耗用或已销存货成本的一种存货盘存方法，基本等式为：

期初存货 + 本期购货 = 本期耗用（或销货）+ 期末存货

永续盘存法也称为账面盘存法，是指通过设置详细的存货明细账，逐笔或逐日记录存货收入、发出的数量和金额，以随时结出存货结余的数量和金额的一种存货盘存方法。

为了保护企业存货的安全完整，做到账实相符，企业必须对存货进行定期或不定期的清查。

存货清查通常采用实地盘点的方法，即通过盘点确定各种存货的实际库存数，并与账面结存数相核对。盘点结果如与账面记录不符，应于期末前查明原因，并根据企业的管理权限，经股东大会或董事会，或厂长（经理）会议等类似机构批准后，在期末结账前处理完毕。

盘盈的存货,应冲减当期的管理费用;盘亏的存货,在减去过失人或者保险公司等赔款和残料价值后,计入当期管理费用,属于非常损失的,计入营业外支出。

查账的一般程序和方法如下:

(1)审查存货储存数量的合理性。

审查储存定额制定是否科学,储备数量是否合理,仓库管理制度是否健全,储存设施是否符合要求,有无计量不准、霉烂变质、超储积压或存量过少,影响资金有效使用或影响正常生产经营的情况。

(2)审查仓库的存货是否真实存在。

查账人员首先应要求会计人员在所有经济业务登记入账的基础上,将存货的明细账与总账相核对,在账账相符(即物资材料明细账结存数额与仓库卡片上的结存额相符,材料明细账上的结存金额之和与总账相应账户结存金额相符)的情况下编制存货账存清单。

其次,成立由查账人员、被查单位保管人员、会计人员及单位主管人员组成的盘点小组,采取科学、合理的方式和方法对存货进行实地盘点,编制存货实存清单。

再次,将存货的账存清单和实存清单所列入的内容进行核对,以确定账实是否相符,如果不符,即为存货的盘盈或盘亏,应根据盘盈或盘亏的具体情况填制存货溢缺报告单,并将盘盈或盘亏金额反映在"待处理财产损溢"账户。

最后,采用调查、询问等方法查证造成存货溢缺的具体原因,并根据具体情况将其从"待处理财产损溢"账户转入有关账户。其中,盘盈的存货,经有关部门批准后冲减管理费用;盘亏、毁损和报废的存货,扣除过失人或保险公司赔款和残料价值后,计入管理费用;非常损失部分,扣除保险公司赔款和残料价值后以营业外支出列支。

(3)审查定期盘点和盘盈、盘亏的处理。

首先,通过广泛的调查了解被查企业是否对存货进行了定期盘点,对盘点结果是否及时处理,有无私分盘盈存货问题等。

其次,通过审阅"待处理财产损溢"账户及"营业外支出"、"管理费用"账户明细账并审查相对应的会计凭证,了解存货盘盈盘亏情况。

对存货盘盈、盘亏数较大的企业,可深入仓库实地观察、测试发料的计量是否准确,有无估算情况,必要时请有关部门对计量器具进行检验,以弄清发料计量的状况。

对存货盘亏,审查有无人为的保管不善或盗窃占用的情况,是否及时对盘亏进行处理,是否存在故意拖延时间、弄虚作假等问题。

第五节 其他存货业务的常见错弊及查证

1. 发生退货时有哪些错弊以及如何查证?

常见错弊:在发生进货退出业务的情况下,有意将本应冲销"应交税费——应交增值税(进项税额)"的退回的增值税款作为"应付账款"或"营业外收入"、"其他业务收入"处理,从而达到多抵扣、少交税的目的。

查证措施:查阅库存商品明细账、银行存款日记账摘要记录及对应账户,必要时查阅有关的原始凭证,如果存在这类问题,往往会出现"库存商品"、"应付账款"(或有关收入账户)账户与"银行存款"账户对应的情况,或单独反映为"应付账款"账户与"银行存款"账户对应,但一般无原始凭证。

2. 存货折扣有哪些常见错弊以及如何查证?

常见错弊:存在购货折扣的情况下,对购货折扣的处理不正确或前后各期不一致,影响商品购进成本的真实性和可比性。

查证措施:查阅银行存款日记账摘要及对应账户发现线索,如果对购货折扣采用净额法入账,银行存款的对应账户必然表现为费用账户或支出账户,必要时再查阅会计凭证或相应的购货合同,以确定问题的性质。

3. 对存货毁损处理中有哪些错弊以及如何查证?

(1) 常见错弊:对存货购进过程中发生的溢缺、毁损的会计处理不正确、不合理。如把应由责任人赔偿的短缺毁损损失作为企业的营业外支出或销售费用、管理费用处理;把属于供货方多发等原因造成的商品溢余私分。

查证措施:查阅营业外支出和有关费用明细账或审阅有关会计凭证。

(2) 常见错弊:对包装物、低值易耗品等存货的购进核算不够严密,形成账外财产。这类问题在实际工作中比较普遍,有时为了简化核算,购进包装物或低值易耗品时直接以管理费用列支,形成大量的账外财产,造成企业资产流失和浪费。

查证措施:审阅管理费用明细账及银行存款日记账摘要内容发现线索,再进一步查阅有关会计凭证,如果存在这类问题,往往会出现账证、证证不符的情况。

4. 存货增值税方面有哪些常见错弊以及如何查证?

常见错弊:在存货购进过程中对增值税的处理不正确。税制改革以后,企业购进存货的价格为不含税价格,在购进环节所支付的增值税额在核算上分两种情况,即一般纳税人企业将支付的增值税反映在"应交税费——应交增值税(进项税额)"账户,购进过程中所支付的运费按7%抵扣增值税;会计核算不健全的小规模纳税人企业将所支付的增值税款计入所购商品或材料的成本。在实际工作中,有时发生对增值税的处理不够规范,如将增值税计入存货成本,造成成本虚增,利润不实,加大消费者负担;或有意将存货购进成本中的内容反映在"进项税额"专栏,以达到多抵扣少交税的目的。

查证措施:查阅"应交税费——应交增值税"明细账及相关的会计凭证发现线索,特别是应重点审核增值税专用发票或普通发票,了解账证及证证是否相符。

5. 存货损失处理中有哪些常见错弊以及如何查证?

常见错弊:企业存货在储存过程中发生非正常损失时,相应的"进项税额"未转出,增加了增值税的抵扣额。按照有关规定的要求,企业存货发生非正常损失时,应将其在购进环节支付的增值税进项税额转出,与存货实际成本一起计入营业外支出。但在实际工作中,有未按规定办法执行的情况,从而增加了增值税的抵扣额,达到了少交增值税的目的。

查证措施:审阅存货明细账贷方记录及"营业外支出——非常损失"明细账发现线索,然后进一步审阅有关记账凭证和原始凭证,确定问题之所在。

第七章　针对固定资产常见错弊的查证

第一节　固定资产概述

1. 什么是固定资产？其特征是什么？

固定资产，是指企业使用期限超过 1 年的房屋、建筑物、机器、机械、运输工具以及其他与生产、经营有关的设备、器具、工具等。不属于生产经营主要设备的物品单位价值在 2 000 元以上，并且使用年限超过 2 年的，也应当作为固定资产。固定资产按照用途，一般可以分为以下几类。

（1）房屋及建筑物。房屋是指公司各部门用房以及连同房屋不可分离的附属设备，如照明设备、暖气设备、电梯、卫生设施等。建筑物是指房屋以外的围墙、水塔和公司内花园、喷水池等设施。

（2）机器设备。这是指用于生产电力、热力、风力或其他动力的设备；为生产直接服务的各种机器和设备。

（3）家具设备。是指用于经营服务和经营管理部门的高级沙发、组合家具、办公桌等。

（4）交通运输工具。是指用于经营服务和公司内部运输的各种车辆，如小轿车、卡车、吊车、电瓶车等。

（5）电器设备。是指用于经营服务或管理用的电子计算机、电视机、电冰箱、冰柜、通讯设备等。

(6)其他设备。是指不属于以上各类的其他经营管理、服务用的固定资产。

固定资产是有形资产,它同时具有下列特征:为生产商品、提供劳务、出租或持续经营管理而持有的;使用寿命超过一个会计年度。

2. 固定资产如何核算?

企业应当根据固定资产定义,结合本企业的具体情况,制定适合于本企业的固定资产目录、分类方法、每类或每项固定资产的折旧年限、折旧方法,作为进行固定资产核算的依据。

(1)取得固定资产的会计核算。

固定资产在取得时,应按取得时的成本入账。取得时的成本包括买价、进口关税、运输和保险等相关费用,以及为使固定资产达到预定可使用状态前所必要的支出。固定资产的入账价值中,还应当包括企业为取得固定资产而缴纳的契税、耕地占用税、车辆购置税等相关税费。

固定资产取得时的成本应当根据具体情况分别确定:

①购置的不需要经过建造过程即可使用的固定资产,按实际支付的买价、包装费、运输费、安装成本、缴纳的有关税金等,作为入账价值。

外商投资企业因采购国产设备而收到税务机关退还的增值税款,冲减固定资产的入账价值。

②自行建造的固定资产,按建造该项资产达到预定可使用状态前所发生的全部支出,作为入账价值。

③投资者投入的固定资产,按投资各方确认的价值,作为入账价值。

④在原有固定资产的基础上进行改建、扩建的,按原固定资产的账面价值,加上由于改建、扩建而使该项资产达到预定可使用状态前发生的支出,减去改建、扩建过程中发生的变价收入,作为入账价值。

(2)固定资产计提折旧的会计核算。

企业应当根据固定资产的性质和消耗方式,合理地确定固定资产的预计使用年限和预计净残值,并根据科技发展、环境及其他因素,选择合理的固定资产折旧方法。

　　固定资产折旧方法可以采用年限平均法、工作量法、年数总和法、双倍余额递减法等。折旧方法一经确定，不得随意变更。如需变更，应当在会计报表附注中予以说明。

　　企业因更新改造等原因而调整固定资产价值的，应当根据调整后价值，预计尚可使用年限和净残值，按选用的折旧方法计提折旧。

　　企业一般应按月提取折旧，当月增加的固定资产，当月不提折旧，从下月起计提折旧；当月减少的固定资产，当月照提折旧，从下月起不提折旧。固定资产提足折旧后，不论能否继续使用，均不再提取折旧；提前报废的固定资产，也不再补提折旧。所谓提足折旧，是指已经提足该项固定资产应提的折旧总额。应提的折旧总额为固定资产原价减去预计残值加上预计清理费用。

　　(3)固定资产修理的会计核算。

　　企业应当定期对固定资产进行大修理，大修理费用可以采用预提或待摊的方式核算。大修理费用采用预提方式的，应当在两次大修理间隔期内各期均衡地预提预计发生的大修理费用，并计入有关的成本、费用；大修理费用采用待摊方式的，应当将发生的大修理费用在下一次大修理前平均摊销，计入有关的成本、费用。固定资产日常修理费用，直接计入当期成本、费用。

　　(4)处置固定资产的会计核算。

　　处置固定资产包括出售、报废或者毁损等原因造成的固定资产减少。由于出售、报废或者毁损等原因而发生的固定资产清理净损益，计入当期营业外收支。

　　企业对固定资产应当定期或者至少每年实地盘点一次。对盘盈、盘亏、毁损的固定资产，应当查明原因，写出书面报告，并根据企业的管理权限，经股东大会或董事会，或经理(厂长)会议或类似机构批准后，在期末结账前处理完毕。盘盈的固定资产，计入当期营业外收入；盘亏或毁损的固定资产，在减去过失人或者保险公司等赔款和残料价值之后，计入当期营业外支出。

如盘盈、盘亏或毁损的固定资产，在期末结账前尚未经批准的，在对外提供财务会计报告时应按上述规定进行处理，并在会计报表附注中作出说明；如果其后批准处理的金额与已处理的金额不一致，应按其差额调整会计报表相关项目的年初数。

企业对固定资产的购建、出售、清理、报废和内部转移等，都应当办理会计手续，并应当设置固定资产明细账（或者固定资产卡片）进行明细核算。

3. 固定资产管理有什么意义？

固定资产具有单位价值大、使用时间长、价值与实物可以分离、价值补偿的分期性和实物更新的一次性等特点。随着社会经济的发展，生产过程机械化和自动化程度的提高，现代企业（特别是制造业）中固定资产占整个企业资金的比重会越来越大。如果说流动资产是反映企业偿还债务能力的资产，那么作为劳动手段而存在的固定资产则是反映企业获利能力或者经营能力的资产，是产生利润的重要源泉。因而，固定资产的管理将越来越具有重要意义。

4. 固定资产管理的要求有哪些？

固定资产作为国家或企业的财产，作为企业从事生产经营活动的物质条件，应当得到良好的保管，合理的使用，以充分发挥固定资产的效能，提高固定资产利用效率。对固定资产管理的主要要求是：

（1）保证固定资产数量清楚，质量完好。

企业各类固定资产应当有准确的数据和账册记录。对每种固定资产的增减变动，应当有预算控制、审批手续及盘点处理制度，并作出记录，保证有账有实，账实一致。

（2）各类固定资产配备合理，运行协调。

企业对各类固定资产要有一个合理的配备。各种生产设备要保持能力的平衡，生产设备与其他种类固定资产之间也要比例适当，以充分发挥生产潜力，节约资源，提高生产效率。

(3)促使固定资产合理使用,避免闲置浪费。

加强固定资产管理的主要目的,是使现有固定资产能够合理使用,提高固定资产的利用效果。

(4)正确处理固定资产增加和减少价值的计量。

正确计算固定资产磨损转移的价值,保证使用在固定资产上的资金能够及时收回,以便于固定资产的更新改造,保证固定资产的再生产。

5. 固定资产内部控制制度包含哪些内容?

就许多从事制造业的企业而言,固定资产在其资产总额中占有很大的比重,固定资产的折旧、维修等费用则是影响其损益的重要因素。固定资产管理一旦失控,所造成的损失远远超过一般的流动资产。所以,为了确保固定资产的真实、完整、安全和有效利用,企业应当建立和健全固定资产的内部控制制度。

固定资产的内部控制制度主要包括以下几个方面:

(1)固定资产预算制度。

预算制度是固定资产内部控制中最重要的部分。通常,大企业应编制旨在预测与控制固定资产增减和合理运用资金的年度预算;小企业即使没有正规的预算,对固定资产的购建也要事先加以计划。

(2)授权批准制度。

完善的授权批准制度包括:企业资本性预算只有经过董事会等高级管理部门批准方可生效;所有固定资产的取得和处理均需经企业管理当局的书面认可。

(3)账簿记录制度。

除固定资产总账外,企业还须设置固定资产明细分类账和固定资产登记卡,按固定资产类别、使用部门和每项固定资产进行明细分类核算。固定资产的增减变化均应有充分的原始凭证。一套设置完善的固定资产明细分类账和登记卡,将为会计检查固定资产的取得和处置、复核折旧费用和修理支出的列支提供帮助。

(4)职责分工制度。

对固定资产的取得、记录、保管、使用、维修、处置等均应明确划分责任,由专门部门和人员负责。明确的职责分工制度,有利于防止舞弊。

(5)资本性支出和收益性支出的区分制度。

企业应制定区分资本性支出和收益性支出的书面标准。通常须明确资本性支出的范围和最低金额,凡不属于资本性支出范围、金额低于下限的任何支出,应列作费用并抵减当期收益。

(6)处置制度。

固定资产的处置,包括投资转出、报废、出售等,要有一定的申请报批程序。

(7)定期盘点制度。

对固定资产定期实地盘点,是验证账列各项资产真实存在、了解资产放置地点和使用状况以及发现是否存在未入账固定资产的必要手段。

(8)维护保养制度。

固定资产应有严密的维护保养制度,以防止其因各种自然和人为的因素而遭受损失,并应建立日常维护和定期检修制度,以延长其使用寿命。

6. 固定资产内部控制制度如何检查?

会计检查人员对固定资产内部控制制度进行检查时,应从以下几个方面进行:

(1)索取或编制企业固定资产内部控制制度的说明材料。

书面说明、流程图和调查问卷均为调查企业内部控制的有效方式,故会计检查人员应向企业索取或自己编制这些书面材料。

(2)对固定资产的取得和处置进行检查。

对固定资产的取得和处置进行检查的重点有以下几个方面:第一,固定资产的取得是否与预算相符,有无明显差异;第二,固定资产的取得和处置是否确实经过授权批准;第三,区分资本性支出和收益性支出的规定,在实际执行中是否得到遵守;第四,对于固定资产的增减变动是否真实、完整地进行会计记录。

（3）评价固定资产的内部控制制度。

会计人员在检查了固定资产的内部控制制度后,应对其进行评价。评价的重点在于:第一,固定资产内部控制制度执行情况能在多大程度上确保企业会计记录的可靠性和正确性;第二,内部控制制度的有效执行,能在多大程度上保护固定资产的完整性。

第二节 固定资产增加业务的错弊及其查证

固定资产的增加有购入、自制自建、投资人投入、融资租入、接受捐赠和盘盈等。企业如果不能正确核算固定资产的增加,将对资产负债表和利润表产生长期的影响,因此,对固定资产增加的检查是很重要的。固定资产增加业务方面的错弊有在具体处理固定资产增加业务时的失误所致,也有主观作弊欺诈的故意所致。归纳起来,其错弊形式主要有如下几种。

1. 固定资产分类方面的错弊形式有哪些?

（1）对固定资产与低值易耗品的划分不符合规定标准。

根据固定资产准则的规定,固定资产是同时具有如下特征的有形资产:

①为生产商品、提供劳务、出租或经营管理而持有的;

②使用年限超过一年;

③单位价值较高。

低值易耗品是相对于固定资产而言的,是指单位价值在规定金额之内,使用年限不满一年的劳动资料和生产经营用设备,以及使用年限不超过两年的非生产经营用设备。

低值易耗品包括:

①使用年限在一年以下的生产经营用的劳动资料;

②使用年限在两年以下的非生产经营用的劳动资料；

③使用年限在两年以上，但单位价值在 2 000 元以下的非生产经营用的劳动资料。

企业为了增加成本、费用，将符合固定资产的物品划入低值易耗品，一次摊销或分次摊销；为了减少当期成本、费用，将符合低值易耗品标准的物品划入固定资产进行管理，延缓其摊销速度。这种混淆划分标准，造成两者的价值在向生产经营成本、费用转移形式和水平上的不合规、不合理，还会导致资产结构的变化，使固定资产与存货之间发生此长彼消的关系，使会计信息产生错报，直接影响投资者的决策。

（2）固定资产分类不正确。

按企业会计制度的规定，固定资产可以分成以下七大类：

①生产经营用固定资产；

②非生产经营用固定资产；

③租出固定资产；

④不需用固定资产；

⑤未使用固定资产；

⑥土地；

⑦融资租入固定资产。

企业对固定资产可根据实际情况进行分类，一般企业多采用按经济用途和使用情况分类。对固定资产的分类正确与否主要涉及企业对哪些固定资产应计提折旧，以及折旧费用的列支问题，这些问题都直接影响到企业费用与成本的计算、财务成果的确定和所得税的计算依据。

将未使用固定资产划入正常经营用的固定资产之中，会增加当期的折旧费用，使生产费用上升，还会导致固定资产内部结构发生变化，虚增固定资产使用率，给信息使用者以假象，使管理者做出错误的决策。

企业将采用经营租赁方式租入的固定资产与采用融资租赁方式租入的固定资产混为一谈，以达到降低或提高折旧费用、调整财务成果的目的。按照有关规定，企业采用经营租赁方式租入的固定资产是不计提折旧的，由租出企业计提折旧;而采用融资租赁方式租入的固定资产,租入企业要按规定计提折旧。如果对于用经营租赁方式租入的固定资产计提折旧,其结果只能是人为地提高折旧费用,增加当期的征税成本或期间费用。如果对采用融资租赁方式租入的固定资产不计提折旧,其结果就是虚假地降低生产成本或期间费用。这两种结果都是对企业财务成果与纳税的人为干扰。

对土地的分类出现错误。与房屋、建筑物价值有关的因征地支付的补偿费,应计而不计入房屋、建筑物的价值,而将其单独作为"土地"入账,这样就降低了固定资产的原始价值,造成固定资产的分类混乱。

2. 固定资产计量方面的错弊形式有哪些?

(1) 不按正确的计量方法计价。

企业财务制度规定,新增加的固定资产应按其成本入账,无法确定成本的,按重置完全价值入账,而账面价值则主要用于计算盘盈、盘亏、毁损固定资产的溢余或损失。有些企业却不按上述规定采用计价方法,从而影响了当期的成本费用,使固定资产在有效期内的折旧产生差错,从而使会计信息反映失实,最终误导人们的决策。

(2) 计量方法虽然正确但价值构成范围不正确。

有的企业在固定资产计价时所使用的计价方法是正确的,但在价值构成方面却是有问题的。发生的问题主要是任意变动固定资产价值所包括的范围,如下面两例:

①将招待费作为运杂费计入固定资产价值。

外购固定资产的成本包括买价、包装费、保险费、运输费、安装成本和增值税等。有的企业将不属于构成固定资产价值的支出也计入了固定资产的价值,虚增了固定资产价值。

例如,某企业购买大众汽车一部,价款23万元,计价时将请客送礼、游山玩水等招待费用3万元全部作为该项固定资产运杂费,计入了固定资产价值。

②专业人员安装费和场地整理费不计入固定资产成本。

例如，某公司购置了一台大型设备，并请专业人员王某进行了场地整理和安装服务，公司财务部门将付给王某的13 500元服务费计入了管理费用。这种做法违背了固定资产准则规定的计量要求："为使固定资产达到预定可使用状态前所发生的可直接归属于该资产的其他支出，如场地整理费、安装费及专业人员服务费等均应计入外购固定资产的成本。"该公司将服务费计入管理费用，减少了固定资产价值，增加了公司当期费用，虚减了当期利润。

③任意变动固定资产的账面价值。

有些企业不顾国家规定，任意调整、变动已入账的固定资产的账面价值。

例如，经营租赁的固定资产，实物虽已转移，但出租单位仍应对该固定资产进行管理，会计部门应对其进行核算。而企业却因固定资产已不在本企业使用而随意将固定资产从账户中移除，导致会计信息失真，影响企业当局及外部会计信息使用者的正确判断。

3. 主观谋私造成错弊的形式有哪些？

如果说固定资产在分类和计量方面的错弊是客观上会计人员对会计准则不理解或环境、业务能力等受限制以及技术原因造成的，那么某些人员贪污谋私造成错弊则是主观故意的。其错弊手法很多，列举如下：

(1) 某些领导为拿回扣得好处，盲目购置或建造固定资产，造成严重的损失浪费。

例如，某企业领导在退休前，利用职权购置一台在技术上已经落后面临淘汰的车床，获得供应商的回扣2万元，后来东窗事发被查出。

(2) 购入固定资产质次价高，采购人员捞取回扣。

例如，某企业采购人员购置精密车床一台，该车床市场价为60 000元，销货方同意给购货方6%的回扣，而故意抬高价格，以65 000元成交。购货单位付款65 000元，采购人员得回扣3 900元，装入自己腰包。

(3) 接受贿赂，虚计固定资产重估价值。

其他单位投入的固定资产，应按合同、协议约定价值或经评估确认的价值计价。由于企业或投资单位有关人员接受贿赂,私下商定有意抬高或降低固定资产的价值。

例如,A、B 公司合作成立 C 公司,B 公司接受贿赂同意虚开发票进行并不存在的实物投资,同时接受 A 公司投入已使用的账面原值 200 000 元、已提折旧 15 000 元、净现值为 135 000 元的固定资产,以 150 000 元重估价值作为投资的资本金。

(4) 固定资产出租收入,虚挂往来账。

固定资产出租收入属于租赁性质的劳务收入,应通过"其他业务收入"科目核算,发生对应的成本费用应在"其他业务成本"科目中核算,有的企业为了挪用固定资产出租收入,将收入直接记入"其他应付款"科目,而分期挂账。

案例 7-1

> 某企业出租房屋收入 200 000 元,应记入"其他业务收入",但企业却挂在"其他应付款"科目。将全年计提的固定资产折旧 80 000 元和发生的其他费用 18 000 元全部记入"管理费用",而不通过"其他业务成本"核算。这样企业应缴纳的房产税、营业税及附加税全部偷逃,进而也影响了当年利润和应纳所得税额。

(5) 在建工程试运转收入,不冲减在建工程成本。

企业在建工程在试运转过程中所取得的收入扣除税金后应冲减在建工程成本。但有的企业为了调节利润,转移收入,将在建工程试运转过程中取得的收入在"其他应付款"中挂账。

案例 7-2

> 某企业在试运转过程中发生各种费用 20 000 元,在运转过程中取得的收入为 30 000 元,该企业故意将收入在"其他应付款"科目直接挂账,并在年终结转到下年度。

(6)转移工程借款利息、调节当年损益。

企业工程借款利息,在办理竣工结算前应计入工程成本,结算后记入"财务费用"。但有的企业为了调节利润,将应计入在建固定资产造价的费用,在未办理竣工结算之前记入当年"财务费用"。

案例 7-3

> 某企业于 20×6 年 4 月贷款 3 000 000 元用于购买工程设备,年利率 5%,期限 3 年,每年计息一次,该设备安装工程预计两年内投产完成。20×8 年 4 月,安装完毕并办理交付手续。该企业故意将在两年内发生的利息 300 000 元(3 000 000×5%×2)都记入"财务费用",虚增费用,虚减利润,导致该企业少交税金,进而也少提了盈余公积金。

(7)不适当地将费用资本化。

企业会计制度规定,融资租入的固定资产的价值包括按照租赁协议或者合同确定的固定资产价款和运输费、保险费、安装调试费等,不包含融资应记入"财务费用"的账户的各项支出。有的企业面对金融机构,为了增加利润,便将应记入"财务费用"账户的各项支出,计入融资租入固定资产的价值。

案例 7-4

> 企业经营效益不好,融资租入了整套设备,采用分期付款方式。在支付的融资租赁费中包含按租赁合同或协议确定的固定资产的价值再加上运输途中运输费、保险费和安装调试费等。但租赁手续和设备交付使用后的利息支出共计 9 万元计入了融资租入固定资产的原价中,导致费用减少,利润增加,使企业保持盈利。

(8)固定资产修理业务不真实。

假借固定资产修理及其支出之名,进行某些不正当活动。主要是将应列入期间费用的列入制造费用,或者将应列入制造费用的列入期间费用。

(9) 不当计提固定资产减值准备,粉饰财务报表。

有些企业为了粉饰当期报表,通过多提、少提或者不计提固定资产减值准备的方法,对当期财务状况进行有目的地调节。多计提固定资产减值准备,可以减少当期利润,达到少交所得税的目的;少计提或不计提固定资产减值准备,可以提高当期利润,达到粉饰美化当期财务状况的目的。

4. 固定资产增加业务的查账方法和技巧有哪些?

一般情况下,年度内固定资产发生变化的业务量不大,在查账时有可能逐笔检查其变动状况。对固定资产的实物数量则采用抽样检查的方法,查清账簿上所记载的固定资产与实有固定资产是否相符。

(1) 固定资产增加业务错弊检查的一般程序。

固定资产增加有购建、其他单位投资转入、固定资产改良、盘盈、有偿和无偿调入以及馈赠等途径。对增加的固定资产进行检查的目的在于防止企业虚增资产。对固定资产增加情况进行检查,主要采用实地盘点法和核对法。

①根据有关资料编制或向被查企业索取被检查期内固定资产增加变动表,采用核对方法检查变动表所列项目的真实合法性。

②实施现场实物盘点,根据固定资产增加变动表,对固定资产进行现场实物盘点,查明固定资产的存在性。

③确认固定资产的所有权,防止被检查单位将不属于企业所有的固定资产列入资产负债表。查证有关证据,以确保企业固定资产增加的真实合法性。

(2) 固定资产增加业务错弊检查的内容与技巧。

固定资产增加业务错弊检查的内容与技巧主要有以下几个方面:

①检查固定资产增加的合法性、合理性。这项检查应分别不同来源的固定资产确定不同的侧重点。

• 对购进的固定资产,应重点检查购进有无计划及其审批手续,购进数量和质量是否符合购进计划的要求,购进固定资产的计价是否正确等方面。

- 对建造的固定资产,应分别对建造前期、施工、建筑完工交付使用三个时期进行检查。对于建造前期的固定资产,应重点检查其可行性研究及有关手续是否齐备,建造资金是否落实。对于施工阶段的工程,应重点检查其费用的核算是否正确。对于建造完工交付使用的固定资产,应重点检查其工程决算编制是否合理,成本核算是否正确,交付使用财产是否有漏转项目等。

- 对以投资形式转入的固定资产,应重点检查其投入资产是否经有关部门批准,是否由有关部门或机构进行了评估,转入手续是否完备,价格是否合理,是否真正为企业所需,质量是否合格,有无以次充好等问题。

- 对调入的固定资产,应重点检查调出企业所填制的固定资产调拨单和被检查企业填制的验收单,核对双方所列的数量和项目是否相符。有偿调入的固定资产还应检查其价格是否合理。

- 对盘盈的固定资产,应重点检查其是否确为未曾入账或超过账面数量的固定资产,账务处理是否正确。

②检查增加固定资产的计价。

固定资产计价一般以原始价值为准,固定资产增加的途径不同,其原始价值的计算方法也不同。在查账时,要对照国家有关政策规定,分别固定资产的来源,对其计价方法的特殊性予以检查。

③检查固定资产的所有权。

对各类固定资产,检查人员应获取、汇集不同的证据以确定其是否确归单位所有:对外购的机器设备等固定资产,通常经审核采购发票、购货合同等即可确定;对于房地产类固定资产,还需查阅有关的合同、产权证明、财产税单、抵押贷款的还贷凭据、保险单等书面文件;对融资租入的固定资产,应验证有关租赁合同,证实其并非经营租赁;对汽车等运输设备,则应验证有关执照等;对受留置权限制的固定资产的检查,通常审核单位的有关负债项目即可检查证实,但在验证固定资产所有权时,仍需查明是否确实存在此类固定资产。

④对购入的固定资产进行实地观察,以确定其存在性。

在实施实地观察时,检查人员可以固定资产明细分类账为起点,进行实地追查,以证明会计记录中所列固定资产确实存在,并了解其目前使用状况;也可以实地为起点,追查至固定资产明细分类账,以获取实际存在的固定资产均已入账的证据。

第三节 固定资产减少业务的错弊及其查证

1. 固定资产减少业务的错弊有哪些?

固定资产的减少主要包括出售、报废、毁损、向其他单位投资转出和盘亏等。

(1)固定资产减少业务不真实。

某些不法分子为侵占国有资产或集体财产,虚列固定资产盘亏、毁损、报废、投出,实则将固定资产私自出售,隐瞒收入。

(2)固定资产出售业务错弊。

固定资产出售业务错弊的表现形式主要有:

①固定资产出售的作价不合理。

如作价过高或过低,形式上出售实则赠送,当事人收取好处费。

②对出售固定资产所得价款列入其他应付款。

将出售固定资产所得价款列入其他应付款,作为职工福利、奖励,或其他非法之用。

③对固定资产出售过程中发生的费用处理不正确。

将出售固定资产过程中发生的费用计入产品成本,从而减少当期利润、少交所得税。

④固定资产净损益转入账户有错误。

凡属于筹建期间的净损益应增加或减少长期待摊费用,而正常生产经营期间的净损益转入营业外支出或营业外收入。

(3)固定资产报废、毁损的业务处理发生错弊。

①对固定资产清理报废的残值收入处理不正确。

将固定资产清理报废的残值收入记入结算类账户,用于日后非法支出。

②将发生的清理费用计入生产或经营费用。

有的企业将固定资产清理费用计入制造费用,虚增产品成本。

③将本已清理完毕的固定资产清理净损失或净收益长期挂账不结转。

将本已清理完毕的固定资产清理净损失或净收益长期挂账不结转,以达到调节利润的目的,造成当年利润的虚增或虚减。

④固定资产变价收入存入"小金库"。

财务制度规定报废固定资产的残料价值和变价收入应冲减清理支出。但有的企业为将报废的固定资产的变价收入挪作他用,将收回的款项存入了企业的"小金库"。

(4)盘亏的固定资产业务错弊形式。

①未经审批,将待处理固定资产损溢直接转入当期损益。

未经审批,将待处理固定资产损溢直接转入当期损益,使企业无法控制流失资产,有关人员逃脱责任。

②固定资产盘亏,不做账务处理。

有的企业为了调节利润,对固定资产的盘盈、盘亏不做账务处理。如企业经济效益不佳,为了调高利润,盘亏的固定资产不做账务处理,少计营业外支出,提高当期利润。

有的单位在全面清查固定资产时,常会出现固定资产账存实无现象,这可能是由于设备管理或使用部门不了解报废固定资产与会计核算两者间的关系,擅自报废固定资产而未在会计账户上做相应的核算,这样势必造成会计报表表达失真。

2. 固定资产减少业务错弊检查的一般程序是什么?

固定资产减少的原因有:由于不能继续使用而报废;作为对外投资;无

偿、有偿调出；因盘亏、毁损或遭受非常事故等而减少。检查固定资产减少的主要目的在于查明业已减少的固定资产是否已做相应的会计处理。对固定资产减少情况进行检查，主要采用盘点法和核对法。

(1)核对固定资产所列项目的真实合法性。

根据有关资料编制或向被查企业索取被检查期内固定资产减少变动表，采用核对法检查变动表所列项目的真实合法性。

(2)实施现场实物盘点。

运用盘点法，根据固定资产减少变动表，对固定资产进行现场实物盘点，查明固定资产减少的原因。

(3)核实固定资产减少的真实性。

核实是否存在未做会计记录的固定资产减少业务，防止被检查单位隐瞒固定资产减少的情况，以确保企业固定资产减少的真实合法性。

3. 固定资产减少业务错弊检查的内容与技巧有哪些？

检查固定资产减少业务错弊时，应分别据其减少的原因，确定应该采取的检查方法。

(1)出售及报废处理的固定资产。

由于不能继续使用，应主要检查审批手续是否健全，报废原因是否正常，清理报废的出售作价是否合理，以及有关报废清理的净损益等业务的账务处理是否正确。

(2)对外捐赠和投资固定资产。

主要检查其捐赠或投资的原因是否合理，手续是否齐全，作价是否合理，会计账务处理是否正确等几项内容。

(3)盘亏和毁损固定资产。

对盘亏的固定资产要查明盘亏的原因，盘亏是否报经有关部门批准；对毁损的固定资产，要检查其毁损报告、毁损证据，核实毁损的原因，据以确定毁损的合理性，同时要检查毁损残值的处理是否合理、合法。

(4)检查是否存在未做会计记录的固定资产减少业务。

检查人员可以通过下列方法检查:复核是否有本年新增加的固定资产替换了原有的固定资产;分析"营业外收支"等账户,查明有无处置固定资产所带来的收支;若某种产品因故停产,追查其专用生产设备等的处理情况;向单位的固定资产管理部门查询本年有无未作会计记录的固定资产减少业务。

第四节 固定资产其他业务的错弊及其查证

1. 固定资产折旧业务中常见错弊有哪些?

(1)未按规定的范畴计提折旧。

在实际工作中,有些企业不按照国家有关财务制度规定所划定的范围提取折旧,即任意扩大或缩小计提固定资产折旧的范围,以通过扩大或缩小折旧费用最终达到减少或扩大利润的目的。对于这类问题,查证人员首先应审阅被查企业的固定资产折旧计算表,然后将其中所列的计提折旧的固定资产的具体内容与"固定资产"账户所属的明细账和固定资产卡片逐一核对,必要时,可以对有关固定资产的使用情况、需用情况、大修理情况、出租情况、在建工程的完工情况等其他有关问题进行实地察看与了解,以确定其实际情况,从而查证被查企业有无任意或错误地扩大与缩小计提固定资产折旧范围的情形。固定资产的原值和预计净残值一经确定,是不能任意改动的,所以企业的固定资产若无增减变化,其计提的折旧额也是相对稳定的。

(2)未按规定选用折旧方法。

在实际工作中,有些企业出现不按照国家有关财务制度规定选用折旧方法的问题。主要有以下三种情况:

①不属于国家允许选用加速折旧方法的企业,却采用了加速折旧的方法;有些企业将国家不允许采用加速折旧方法的某类固定资产采用加速折

旧的方法计提折旧；有些企业未经财政部批准，就擅自采用加速折旧的方法。

②某些属于技术进步快的企业，却选用了平均年限法或工作量法计提折旧，这样做显然不符合固定资产更新快的特点。

③某些企业适宜采用工作量法，或某类固定资产宜采用工作量法，但企业却采用平均年限法，这样做同样不符合该类固定资产的特点。

(3)未按规定确定折旧年限。

我国的财务制度对各类固定资产的折旧年限做出了明确规定，企业应严格按照有关规定确定各类固定资产的折旧年限。它直接影响着企业各期折旧费用的金额，并进而影响到财务成果计算的正确性。

但是，在实际工作中，有些企业却不按已有明确规定的折旧年限计提折旧；有些企业按低于规定年限下限的年数计提折旧；有些企业按高于规定年限上限的年数计提折旧。

(4)折旧方法与折旧年限随意变动。

在实际工作中，有些企业随意变更所采用或确定的折旧方式或折旧年限，或者确需进行变更，但未在年度以前提出申请，报经主管财政机关批准。比如，有的企业对某类或某项固定资产的折旧，由平均年限法改为加速折旧的年数总和法或双倍余额递减法；有的企业将某项固定资产已经确定的折旧年限由长改短，或由短改长等等。凡此类问题的发生，均会影响到固定资产折旧核算的真实性和正确性，同时也会影响到财务成果的正确性。

(5)固定资产的净残值预计不符合规定。

固定资产的净残值，是指资产报废时，其残值收入减去清理费用后的余额。国家已对净残值的比率做了明确规定，但是，在实际工作中，有些企业却不按此规定办理。比如，有些企业按高于固定资产5%的比例预计固定资产的净残值；有些企业在计算固定资产折旧率时不考虑净残值，等等。这些问题均会影响固定资产折旧率核算的正确性和真实性，进而也会影响到企业财务成果的真实性和合理性。

(6)月折旧额的计算不真实、不正确。

企业每月计提的折旧额是根据固定资产的月折旧率与月初账面固定资产原值分项计算,然后汇总得出的。在实际工作中,有些企业却不照此办理。比如,有些企业在计算月折旧额时出现计算错误,甚至是人为计算错误(故意多计或少计折旧额);有些企业在计算月折旧额时虚增虚减计提基数,将本月增加的固定资产计提折旧,或将本月减少的固定资产不计提折旧,等等。这些问题的发生,都会影响到月折旧额计算的真实性和正确性,进而影响到折旧费用与财务成果核算的真实性和正确性。

2. 固定资产折旧业务中常见错弊如何查证?

(1)查账人员应特别注意被查企业折旧额的变化与固定资产的增减业务,以免疏漏。

(2)查证人员可以首先通过审阅被查企业的固定资产折旧计算表和固定资产卡片、固定资产登记簿等会计资料,了解、确定其所采取的具体折旧方法,然后对被查企业的具体情况和固定资产的特点进行调查了解,再将上述情况进行综合分析,最后判断出被查企业对其各类固定资产所分别采取的折旧方法是否科学、是否合理、是否符合国家有关规定,并在进一步调查询问、了解有关情况的基础上查证问题。

(3)查证人员首先通过审阅固定资产折旧计算表、固定资产卡片和固定资产登记簿及有关会计资料,确定被查企业对某项固定资产所采用的折旧年限,然后将其与财务制度规定的该项固定资产的折旧年限对照分析,看其是否相符,从而查证企业有无未按财务制度规定的折旧年限计提折旧的问题。

(4)查证人员可以通过审阅被查企业的固定资产折旧计算表、固定资产卡片和固定资产登记簿等会计资料,发现线索或疑点,也可通过分析"累计折旧"各月贷方发生额的变化发现线索或疑点,然后再调阅会计凭证,进行账证、证证核对,并在调查询问、了解有关情况的基础上查证问题。

(5)查证人员首先应通过审阅固定资产卡片和固定资产折旧计算表等会计资料,复核其中所反映的固定资产折旧率的计算过程及计算结果,确定被查企业所采用的预计净残值率,然后分析被查企业的具体情况,对照财务制度的规定,查证被查企业对固定资产净残值的预计是否合理与符合规定。

(6)查证人员应复核固定资产折旧计算表或其他反映固定资产折旧计算过程的原始凭证中的有关计算过程,并将其中所反映的有关数字与固定资产卡片或固定资产登记簿中的有关数字进行核对,特别是要与固定资产登记簿中的有关数字进行核对,对发生固定资产增减业务的当月与下月计算的月折旧额要认真核对,从而发现和查证问题。

3. 固定资产修理业务中的错弊有哪些?

(1)固定资产修理业务及其支出不真实。在实际工作中,有些企业假借固定资产修理及其支出之名,行某些不正当活动之实,造成企业会计资料所反映的业务不真实。

(2)固定资产修理费用的列支不合理。固定资产无论属哪一类,其费用支出无论采用哪一种方法进行核算,均应按照前述规定办理。舞弊者或是将应列入期间费用的修理费用支出列入修理费用或辅助生产成本;或是将应列入修理费用或辅助生产成本的修理费用支出列入期间费用;或是对待摊费用未按规定的期限进行摊销;或是将摊销期超过一年的修理费用支出列入"待摊费用"账户,而未列入"递延资产"账户;或是在实行预提办法时,对实际支付金额小于预提费用金额的差额,不及时冲减有关费用账户,或是对实际支付金额大于预提费用金额的差额,不及时补记有关费用账户。凡此等等,均影响到企业真实而正确地记录其费用支出和恰当地反映其财务成果。

4. 固定资产修理业务中错弊如何查证?

查账人员应通过仔细审阅企业有关费用支出的账簿,如"制造费用"、"生产成本"、"管理费用"等账户的明细分类账,从其摘要栏反映的业务是否清晰、真实与合理进行分析判断,从其金额栏所记录的金额的多少、是否真实与合理进行分析判断,找出疑点或问题。然后进一步调阅有关的会计凭证及所附原始凭证等有关会计资料，必要时还要对有关单位与个人进行调查询问，了解有关情况，从而查证此类问题。

  查证人员应通过仔细审阅"制造费用"、"管理费用"等有关费用支出总分类账簿及其明细账簿，从摘要栏到金额栏，看其所反映的业务是否真实与合理，发现疑点和问题后再进一步调阅有关会计凭证及其他有关会计资料，进行查证；查账人员还应仔细审阅"预提费用"与"待摊费用"两个总分类账户及其明细账户，看预提费用每月发生额和待摊费用每月发生额的连续性和变化是否符合实际情况，看其余额的处理是否及时与正确，从中发现疑点或线索，然后再进一步调阅有关会计资料查证问题。

第八章 针对无形资产、长期待摊费用常见错弊的查证

第一节 无形资产常见错弊及查证

1. 什么叫无形资产?

无形资产是指企业拥有或者控制的没有实物形态的可辨认非货币性资产。无形资产通常包括专利权、非专利技术、商标权、著作权、特许权、土地使用权等。

2. 无形资产有什么特点?

(1)无形资产是由企业拥有或者控制并能为其带来未来经济利益的资源。预计能为企业带来未来经济利益是作为一项资产的本质特征,无形资产也不例外。但在某些情况下并不需要企业拥有其所有权,如果企业有权获得某项无形资产产生的经济利益,同时又能约束其他人获得这些经济利益,则说明企业控制了该无形资产,或者说控制了该无形资产产生的经济利益。

(2)无形资产不具有实物形态。无形资产通常表现为某种权利、技术或获取超额利润的综合能力。它没有实物形态,却能够为企业带来经济利益,或使企业获取超额收益。不具有实物形态是无形资产区别于其他资产的显

著特征。需要指出的是,某些无形资产的存在有赖于实物载体。

(3)无形资产具有可辨认性。要作为无形资产进行核算,该资产必须是能够区别于其他资产可单独辨认的。符合以下条件之一的,则认为其具有可辨认性:①能够从企业中分离或者划分出来,并能单独用于出售或转让等,而不需要同时处置在同一获利活动中的其他资产;②产生于合同性权利或其他法定权利,无论这些权利是否可以从企业或其他权利和义务中转移或者分离。

(4)无形资产属于非货币性资产。区别于货币性资产和非货币性流动资产,无形资产的另一个显著特征在于,其属于非货币性长期资产。因此,无形资产不仅仅是没有实物形态,而且还应是非货币性长期资产。

3. 无形资产有哪些分类?

无形资产可以按不同的标志分类,如:

(1)按无形资产的取得方式,可分为外部取得无形资产和内部自创无形资产两大类。其中外部取得无形资产又可分为:外购无形资产、通过非货币性交易换入无形资产、投资者投入无形资产、通过债务重组取得无形资产、接受捐赠取得无形资产等;内部自创无形资产指企业自行研究与开发取得的无形资产。

(2)按无形资产的使用期长短,可分为有有效期限的无形资产(如专利权、商标权等)和无有效期限的无形资产(如非专利技术)。

4. 无形资产如何做账务处理?

(1)取得无形资产时的计价。

企业的无形资产在取得时,通常是按取得时的实际成本计量。对于不同来源取得的无形资产,其初始成本构成也不尽相同。取得时的实际成本应按以下规定确定:

①外购的无形资产,应按其取得成本进行初始计量;如果购入的无形资产超过正常信用条件延期支付价款,实质上具有融资性质的,应按所取得无

形资产购买价款的现值计量其成本,现值与应付价款之间的差额作为未确认的融资费用,在付款期间内按照实际利率法确认为利息费用。

②投资者投入的无形资产,应当按照投资合同或协议约定的价值确定无形资产的取得成本。如果投资合同或协议约定价值不公允的,应按无形资产的公允价值作为无形资产初始成本入账。

③通过非货币性资产交换取得的无形资产,非货币性资产交换具有商业实质且公允价值能够可靠计量的,在发生补价的情况下,支付补价方应当以换出资产的公允价值加上支付的补价(即换入无形资产的公允价值)和应支付的相关税费,作为换入无形资产的成本;收到补价方,应当以换入无形资产的公允价值(或换出资产的公允价值减去补价)和应支付的相关税费,作为换入无形资产的成本。

④通过债务重组取得的无形资产,应当以其公允价值入账,作为成本。

⑤通过政府补助取得的无形资产,应当按照公允价值计量;公允价值不能可靠取得的,按照名义金额计量。

⑥企业取得的土地使用权,通常应当按照取得时所支付的价款及相关税费确认为无形资产。土地使用权用于自行开发建造厂房等地上建筑物时,土地使用权的账面价值不与地上建筑物合并计算成本,而仍作为无形资产进行核算,土地使用权与地上建筑物分别进行摊销和提取折旧。但下列情况除外:

- 房地产开发企业取得的土地使用权用于建造对外出售的房屋建筑物,相关的土地使用权应当计入所建造的房屋建筑物成本。
- 企业外购的房屋建筑物,实际支付的价款中包括土地以及建筑物的价值,则应当对支付的价款按照合理的方法(如公允价值比例)在土地和地上建筑物之间进行分配;如果确实无法在地上建筑物与土地使用权之间进行合理分配的,应当全部作为固定资产,按照固定资产确认和计量的规定进行处理。

⑦企业合并中取得的无形资产,应按照企业合并的分类,分别处理:

- 同一控制下吸收合并,按照被合并企业无形资产的账面价值确认为取得时的初始成本;同一控制下控股合并,合并方在合并日编制合并报表时,应当按照被合并方无形资产的账面价值作为合并基础。

- 非同一控制下企业合并中,购买方取得的无形资产应以其在购买日的公允价值计量。

如果取得的无形资产本身可以单独辨认,但其计量或处置必须与有形的或其他无形的资产一并作价,如该无形资产及与其相关的资产各自的公允价值不能可靠计量,则应将该资产组(即将无形资产与其相关的有形资产一并)独立与商誉确认为单项资产。

(2)无形资产的账务处理。

在不同的业务情况下,无形资产的账务处理如下:

①外购的无形资产,按其取得成本进行初始计量,借记"无形资产"科目,贷记"银行存款"等科目。

②投资者投入的无形资产,借记"无形资产"科目,贷记"实收资本"或"股本"等科目。

③通过非货币性资产交换、债务重组、政府补助和企业合并取得的无形资产的账务处理,应分别按照其相关的规定确定。

④土地使用权的处理,按照实际支付的价款,借记"无形资产"科目,贷记"银行存款"等科目,并按规定进行摊销;待该项土地开发时再将其账面价值转入相关在建工程(房地产开发企业将需开发的土地使用权账面价值转入开发成本),借记"在建工程"等科目,贷记无形资产科目。

⑤企业内部研究开发费用的账务处理应分别按照以下规定处理:

- 企业自行开发无形资产发生的研发支出,不满足资本化条件的,借记"研发支出——费用化支出"科目,满足资本化条件的,借记"研发支出——资本化支出"科目,贷记"原材料"、"银行存款"、"应付职工薪酬"等科目。

- 企业以其他方式取得的正在进行中的研究开发项目,应按确定的金额,借记"研发支出——资本化支出"科目,贷记"银行存款"等科目。以后发生的研发支出,应当比照上述第一条原则进行处理。

- 研究开发项目达到预定用途形成无形资产的,应按"研发支出——资本化支出"科目的余额,借记"无形资产"科目,贷记"研发支出——资本化支出"科目。

⑥出售无形资产时,应按实际收到的金额,借记"银行存款"等科目,按已计提的累计摊销,借记"累计摊销"科目,原已计提减值准备的,借记"无形资产减值准备"科目,按应支付的相关税费,贷记"应交税费"等科目,按其账面余额,贷记"无形资产"科目,按其差额,贷记"营业外收入——处置非流动资产利得"科目或借记"营业外支出——处置非流动资产损失"科目。

⑦无形资产出租时,在满足收入确认条件的情况下,应确认相关的收入及成本,并通过其他业务收支科目进行核算。让渡无形资产使用权而取得的租金收入,借记"银行存款"等科目,贷记"其他业务收入"等科目;摊销出租无形资产的成本并发生与转让有关的各项费用支出时,借记"其他业务成本"科目,贷记"累计摊销"科目。

⑧报废无形资产时,在转销时,应按已计提的累计摊销,借记"累计摊销"科目;按其账面余额,贷记"无形资产"科目;按其差额,借记"营业外支出"科目。已计提减值准备的,还应同时结转减值准备。

(3)无形资产摊销期和摊销方法。

无形资产的摊销期自其可供使用(即其达到预定用途)时起至终止确认时止,即无形资产摊销的起始和停止日期为:当月增加的无形资产,当月开始摊销;当月减少的无形资产,当月不再摊销。

在无形资产的使用寿命内系统地分摊其应摊销金额,存在多种方法。这些方法包括直线法、产量法等。企业选择的无形资产摊销方法,应当能够反映与该项无形资产有关的经济利益的预期实现方式,并一致地运用于不同会计期间。

无形资产的摊销一般应计入当期损益,但如果某项无形资产是专门用于生产某种产品或者其他资产,其所包含的经济利益是通过转入到所生产的产品或其他资产中实现的,则无形资产的摊销费用应当计入相关资产的成本。

持有待售的无形资产不进行摊销,按照账面价值与公允价值减去处置费用后的净额孰低进行计量。

5. 无形资产计价方面常见错弊有哪些？如何查证？

常见错弊:对无形资产的计价不正确。

查证措施:

(1)投资者作为资本金或合作条件投入的无形资产,按评估或合同、协议及企业申请书约定的金额计价。

(2)购入的无形资产,按照实际支付的价款计价。

(3)自行开发并且依法申请取得的无形资产,按照开发过程中发生的实际净支出计价。

(4)接受捐赠、从境外引进的无形资产,按照所附单据或参照市场同类无形资产价格经法定机构评估计价。

无形资产在计价时,须备详细资料,包括所有权或使用权证书的复制件、作价的依据和标准等。其中非专利技术的计价,应经法定评估机构确定。

在实际中存在着对无形资产计价不合理、不合规的问题。主要是无形资产计价过高或过低;对无形资产计价时没有经法定手续进行评估或确认,而是随意计价;对无形资产计价时,没有合理的作价依据和标准;对非专利技术的计价,未经法定评估机构评估确定,而是自我随意确定其价值。

6. 无形资产摊销方面常见错弊有哪些？如何查证？

无形资产从开始使用之日起,按照国家法律法规、有效的合同、协议或企业申请书的规定期限及有效的使用年限分期摊销。有效使用年限按照下列原则确定:

(1)法律法规、合同或企业申请书分别规定有法定有效期限和受益年限的,按照法定有效期限与合同或企业申请书规定的受益年限孰短的原则确定。

(2)法律法规没有规定有效期限,企业合同或企业申请书中规定了受益年限的,按照合同或企业申请书规定的受益年限确定。

(3)法律法规、合同或企业申请书均未规定法定有效期限和受益年限的,按照不少于10年的期限确定。无形资产的摊销期限一经确定,不得随意变动。无形资产应摊入管理费用。

常见错弊:在实际中存在对无形资产的摊销不合理、不合规的问题。主要包括:摊销期限确定的不合理、不合规;对已确定的合理的摊销期限任意变动;将无形资产未摊入管理费用,而是摊入生产费用或销售费用;任意多摊或少摊无形资产、人为地调节财务成果的高低等。

查证措施:

(1)审阅、检查"无形资产"、"管理费用"等明细账中反映的无形资产的摊销情况来发现此类问题的线索或疑点;

(2)调阅会计凭证,进行账证、证证核对,从而查证。

7. 无形资产转让中常见错弊有哪些?如何查证?

根据制度规定,企业转让或出售无形资产取得的净收入,除国家法律法规另有规定外,应计入企业的其他业务收入。即企业向外转让或出售的无形资产,其转让收入,记入"其他业务收入"账户;其转让成本,记入"其他业务支出"账户。

常见错弊:在实际中存在企业对转让无形资产的会计处理不正确、不合规的问题。

案例 8-1

某工业企业向外转让专有技术一项,取得转让收入 50 000 元,该专有技术的账面价值是 25 000 元。该企业对上述业务作了如下账务处理:

```
①借：银行存款                           50 000
  贷：营业外收入                         50 000
②借：营业外支出                         25 000
  贷：无形资产                           25 000
```

上述问题表现在，将应列入"其他业务收入"和"其他业务支出"账户中的业务都作营业外收入和营业外支出列账了，从而漏交了此项收入的营业税。

查证措施：

(1)在审阅"无形资产"明细账贷方记录的转让或出售的业务内容与该账记录所标明"对方科目"时，分析其是否存在正确的账户对应关系，从而发现问题的线索或疑点。

(2)在审阅检查"营业外收入"、"营业外支出"及有关结算账户时，也注意查找此类问题的线索或疑点，发现线索或疑点后，通过调阅会计凭证、核对账证、证证来发现问题。如对上述问题，在审阅"营业外收入"、"营业外支出"账户时可发现线索或疑点，然后追踪查证问题。此类问题查证后，应根据其具体形态作出账务调整。

第二节　长期待摊费用常见错弊及查证

1.什么是长期待摊费用？

长期待摊费用是指企业已经发生但应由本期和以后各期负担的分摊期限在一年以上的各项费用，如以经营租赁方式租入的固定资产发生的改良支出等。企业应设置"长期待摊费用"科目对此类项目进行核算，企业发生的长期待摊费用时，借记"长期待摊费用"科目，贷记"原材料"、"银行存款"

等科目；摊销长期待摊费用时，借记"管理费用""销售费用"等科目，贷记"长期待摊费用"科目；"长期待摊费用"科目期末借方余额，反映企业尚未摊销完毕的长期待摊费用。"长期待摊费用"科目可按费用项目进行明细核算。

需要说明的是，对于企业已经发生但应由本期和以后各期负担的受益期限在一年以内的各项费用，如预定报纸杂志费等，直接计入当期费用（管理费用），不再分期摊销，改变了过去通过"长期待摊费用"科目核算的作法。但是，如果该类费用金额较大，需要分期摊销的，也可以设置或保留"长期待摊费用"科目。根据《小企业会计准则》或《企业会计准则》，企业在不违反会计准则中确认、计提和报告的前提下，可以根据企业的实际情况自行增设、分拆、合并会计科目。

2. 长期待摊费用项目常见错弊有哪些？如何查证？

（1）常见错弊：将不属于长期待摊费用的内容列作长期待摊费用。如将开办费、超过一年摊销期的固定资产修理支出和租入固定资产改良支出及摊销期在一年以上的其他费用列作长期待摊费用核算。利用这种手法企业借以达到调节有关会计期间经营利润、迟纳所得税及有关款项的目的。

防范措施：审阅"长期待摊费用"明细账中的记录，确定支付的实际业务内容；根据该业务内容分析确定其受益期限，看其是否超过一年；在综合分析、核对的基础上确定问题，进行更正。

（2）常见错弊：将属于长期待摊费用的内容未列作长期待摊费用。如待摊销期在一年以内的固定资产修理费用或其他费用作为长期待摊费用核算，人为地调节有关会计期间的费用和经营成果。

防范措施：审阅有关费用明细账户发现疑点或线索。如在审阅账簿摘要内容时了解到列入"长期待摊费用"账户的支付是固定资产小修理，这样，可依其作为问题的疑点；发现疑点后，应再根据账户记录的其他内容（如金额等），调查了解该项经济业务的具体内容及发生与记录过程，进行更正。

（3）常见错弊：长期待摊费用的摊入对象不正确。长期待摊费用根据具体内容而决定其是摊入制造费用,还是产品销售费用、营业税金及附加、管理费用、其他业务支出等。如将应摊入管理费用的长期待摊费用摊入了制造费用,这样,便压低了当期的纳税所得及经营成果,少纳了有关税款。

防范措施:审阅"长期待摊费用"明细账确认长期待摊费用发生的具体业务内容;确定其应摊入哪个项目(即会计科目)中;将确定摊入的项目与本单位实际摊入情况进行对照,从而查证问题,并进行更正。

3. 长期待摊费用摊销期常见错弊有哪些？如何查证？

常见错弊:任意变更长期待摊费用的摊销期。如为了使本期及以后近几期的纳税所得及经营成果降低,缩短已入账的长期待摊费用的摊销期限,摊入管理费用或其他在当期抵减收益的费用、支出在本期及以后近几期多摊入;或为了使本期及以后几期的纳税所得及经营成果提高,延长已入账的长期待摊费用的摊销期限,使摊入管理费用或其他在当期冲减收益的费用、支出在本期及以后近几期少摊入。

防范措施:审阅"长期待摊费用"明细账某项目前后几期的贷方记录金额,分析其有无不相等的情况来发现疑点或线索;根据疑点或线索,运用复核法对有关几期长期待摊费用的推销额进行重新验算;将复算结果与账面摊入金额相核对,从而确定其多摊或少摊的具体数额及严重程度。

4. 长期待摊费用计算中常见错弊有哪些？如何查证？

常见错弊:长期待摊费用的计算不真实、不正确。如为了使当期多摊或少摊长期待摊费用,在计算当期应摊长期待摊费用时,故意多计或少计。

防范措施:运用复核法根据本单位"长期待摊费用"明细账中所反映的有关资料重新计算检查期的应摊销的长期待摊费用金额;将其与本单位"长期待摊费用"账面反映的该期实际摊销额相核对,以确定其是否相符,如果二者相差太大,应进行再次验证,确定问题并调整。

第九章 针对应收款项常见错弊的查证

第一节 应收款项概述

应收款项是指企业在日常生产经营过程中发生的各项债权,主要包括应收账款、应收票据、预付账款和其他应收款等。在高度发达的市场经济条件下,企业之间的商品交易大多是建立在商业信用基础上的,很少使用现金交易。企业因赊销业务而形成的应收款项,是企业获得了未来经济利益的权利,由于在市场经济条件下,商业信用可能发生失败,使企业的应收款项存在着收不回来的风险。

1. 什么是应收账款?怎样核算?

"应收账款"科目核算企业销售商品、物资和其他经营,以及在经营中代付的运杂费等应向购买方所收取的而尚未收到的款项。不单独设置"预收账款"科目的企业,预收的账款也在"应收账款"科目核算。"应收账款"科目应按不同的购货单位或接受劳务的单位设置明细账,进行明细核算。

企业发生应收账款时,按应收金额,借记"应收账款",按实现的营业收入,贷记"主营业务收入"等科目,按专用发票上注明的增值税额,贷记"应交税费——应交增值税(销项税额)"科目;收回应收账款时,借记"银行存款"等科目,贷记"应收账款"。

企业代购货单位垫付的包装费、运杂费,借记"应收账款",贷记"银行存款"等科目;收回代垫费用时,借记"银行存款"科目,贷记"应收账款"科目。

如果企业应收账款改用商业汇票结算,在收到承兑的商业汇票时,按票面价值,借记"应收票据"科目,贷记"应收账款"科目。

2. 什么是预付账款？怎样核算？

预付账款是指企业按照购货合同规定预付给供应单位的款项。其主要的账务处理规定如下:

(1)企业因购货而预付的款项,借记"预付账款"科目,贷记"银行存款"科目。

(2)收到所购物资时,根据发票账单等列明应计入购入物资成本的金额,借记"物资采购"或"原材料"、"库存商品"等科目,按专用发票上注明的增值税额,借记"应交税费——应交增值税(进项税额)"科目,按应付金额,贷记"预付账款"科目。补付的款项,借记"预付账款"科目,贷记"银行存款"科目。

(3)退回多付的款项,借记"银行存款"科目,贷记"预付账款"科目。

(4)预付款项情况不多的企业,也可以将预付的款项直接记入"应付账款"科目的借方,不设置"预付账款"科目。

3. 什么是应收票据？关于应收票据的账务处理有什么规定？

应收票据是指企业因销售商品、产品、提供劳务等而收到的商业汇票,包括银行承兑汇票和商业承兑汇票。企业应在收到开出、承兑的商业汇票时,按应收票据的票面价值入账;带息应收票据,应在期末计提利息,计提的利息增加应收票据的账面余额。关于应收票据的账务处理规定如下:

(1)企业因销售商品、产品、提供劳务等而收到开出、承兑的商业汇票,按应收票据的面值,借记"应收票据"科目,按实现的营业收入,贷记"主营业务收入"等科目,按专用发票上注明的增值税额,贷记"应交税费——应交增值税(销项税额)"科目。

(2)企业收到应收票据以抵偿应收账款时,按应收票据面值,借记"应收票据"科目,贷记"应收账款"科目。

如为带息应收票据,应于期末时,按应收票据的票面价值和确定的利率计算计提利息,计提的利息增加应收票据的账面余额,借记"应收票据"科目,贷记"财务费用"科目。

(3)企业持未到期的应收票据向银行贴现,应根据银行盖章退回的贴现凭证第四联收账通知,按实际收到的金额(即减去贴现息后的净额),借记"银行存款"科目,按贴现息部分,借记"财务费用"科目,按应收票据的账面余额,贷记"应收票据"科目。如为带息应收票据,按实际收到的金额,借记"银行存款"科目,按应收票据的账面余额,贷记"应收票据"科目,按其差额,借记或贷记"财务费用"科目。

贴现的商业承兑汇票到期,因承兑人的银行账户不足支付,申请贴现的企业收到银行退回的应收票据、支款通知和拒绝付款理由书或付款人未付票款通知书时,按所付本息,借记"应收账款"科目,贷记"银行存款"科目;如果申请贴现企业的银行存款账户余额不足,银行作逾期贷款处理时,应按转作贷款的本息,借记"应收账款"科目,贷记"短期借款"科目。

(4)企业将持有的应收票据背书转让,以取得所需物资时,按应计入取得物资成本的价值,借记"物资采购"或"原材料"、"库存商品"等科目,按专用发票上注明的增值税额,借记"应交税费——应交增值税(进项税额)"科目,按应收票据的账面余额,贷记"应收票据"科目,如有差额,借记或贷记"银行存款"等科目。

如为带息应收票据,企业将持有的应收票据背书转让,以取得所需物资时,按应计入取得物资成本的价值,借记"物资采购"或"原材料"、"库存商品"等科目,按专用发票上注明的增值税额,借记"应交税费——应交增值税(进项税额)"科目,按应收票据的账面余额,贷记"应收票据"科目,按尚未计提的利息,贷记"财务费用"科目,按应收或应付的金额,借记或贷记"银行存款"等科目。

(5)应收票据到期,应分别情况处理:

①收回应收票据,按实际收到的金额,借记"银行存款"科目,按应收票

据的账面余额,贷记"应收票据"科目,按其差额,贷记"财务费用"科目(未计提利息部分)。

②因付款人无力支付票款,收到银行退回的商业承兑汇票、委托收款凭证、未付票款通知书或拒绝付款证明等,按应收票据的账面余额,借记"应收账款"科目,贷记"应收票据"科目。

③到期不能收回的带息应收票据,转入"应收账款"科目核算后,期末不再计提利息,其所包含的利息,在有关备查簿中进行登记,待实际收到时再冲减收到当期的财务费用。

4. 什么是其他应收款?

其他应收款指企业除应收票据、应收账款和预付账款以外的其他各种应收、暂付款项。包括各种赔款、罚款、备用金、存出保证金及应向职工收取的各种垫付款项等。

其他应收款金额一般比应收账款金额小,但其对于整个会计信息的准确性仍有很大的影响,而且常常被舞弊者所利用。

第二节 应收账款项目的错弊及其查证

1. 应收账款入账过程中常见错弊有哪些?如何查证?

常见错弊: 应收账款的入账金额不实。根据会计制度的规定,在存在销货折扣与折让情况下,应收账款的入账金额采用总价法,在实际工作中可能出现按净价法入账的情况,以达到推迟纳税或将正常销售收入转为营业外收入的目的。

查证措施: 复核有关销货发票,看其与"应收账款"、"主营业务收入"等账户记录是否一致,确定问题之所在。

2. 应收账款占用额中常见错弊有哪些？如何查证？

常见错弊：应收账款平均占用额过大。一般来讲，应收账款余额在企业流动资产中的比率不能过大，否则，意味着企业大部分周转资金被其他企业占有，不利于本企业的资金周转，从而影响正常的生产经营活动。

查证措施：

（1）计算企业应收账款余额占流动资产的比率，如果比率过高，说明企业应收账款管理中存在问题。

（2）通过查阅应收账款明细账，确定哪些客户欠款过多，原因是什么，是否存在有关人员损公肥私、收受回扣的情况等，并根据掌握的资料向企业提出改进建议，加强对应收账款的管理。

3. 坏账准备计提中常见错弊有哪些？如何查证？

常见错弊：对坏账损失的处理不合理。按照现行会计制度的规定，企业可以采用直接转销法，也可以采用备抵法，但选用某种方法后年内不得随意变更，以保持前后各期口径一致。但在实际工作中，存在着两种方法交替使用的情况。

查证措施：

（1）查阅账簿或询问确定企业所采用的方法。

（2）抽查"坏账准备"、"管理费用"等账户及对应账户，确定其实际的处理方法是否前后各期一致。

4. 使用备抵法中常见错弊有哪些？如何查证？

常见错弊：备抵法的运用不正确。备抵法是指企业应按年末应收账款余额的3‰~5‰计提坏账准备，记入"管理费用"账户；发生坏账损失时，冲抵"坏账准备"，收回已核销的坏账时，增加"坏账准备"；年末，再根据年末应收账款余额并结合"坏账准备"账户年末余额方向及金额大小进行清算。但在实际工作中存在着多种多样的问题，主要表现在：

(1)人为扩大计提范围和标准。如将"应收票据"、"其他应收款"等一并计入计提基数,虚列应收账款余额等,以达到多提坏账准备,多列费用,减少当期利润的目的。

(2)年终清算时未考虑"坏账准备"账户的余额情况。

(3)未按坏账损失的标准确认坏账的发生,如将预计可能收回的应收账款作为坏账处理,以换取个人或局部的利益;将应为坏账的应收账款长期挂账,造成资产不实。

(4)收回已经核销的坏账时,未增加坏账准备而是作为营业外收入或应付账款处理。

查证措施:运用审阅法、复核法检查"应收账款"账户年末余额和"管理费用"账户有关明细账发生额,检查坏账准备计提是否正确,有无通过少提或多提来调节当期收益的情况;审核"坏账准备"借方发生额及有关原始凭证,查证有无人为多冲或少冲坏账准备的情况;审核"坏账准备"贷方发生额或相应账户及有关原始凭证。查证是否存在收回已核销的坏账而未入账或未记入规定账户的情况。

5.应收账款记录中常见错弊有哪些?如何查证?

常见错弊:应收账款记录的内容不真实、不合理、不合法。应收账款反映的内容应真实、正确地记录企业因销售产品、提供劳务等应向购货方收取的货款、增值税款和各种代垫费用情况。但在实际工作中,"应收账款"账户往往成为有些企业调节收入、营私舞弊的"调节器",成为掩盖各种不正常经营的"防空洞"。如企业通过"应收账款"账户虚列收入,将应在"应收票据"、"其他应收款"等账户反映的内容反映在"应收账款"账户,以达到多提坏账准备金的目的等。

查证措施:查阅"应收账款"账户的有关明细账及记账凭证和原始凭证,如果属于虚列收入,则可能记账凭证未附记账联,或未登记明细账;如果是将应反映在其他账户的业务反映在"应收账款"账户,可以查阅摘要内容,必要时再查阅该笔业务的原始凭证。

6. 应收账款回收中常见错弊有哪些？如何查证？

常见错弊：应收账款回收期过长，周转速度慢。应收账款的回收期是指某笔应收账款业务从发生时间到收回时间的间隔期。从理论上讲，应收账款是变现能力最强的流动资产之一，因此，其回收期不能过长，否则会影响企业正常的生产经营活动。有时，也发生应收账款迟迟不能收回的情况。

查证措施：

（1）将该企业具体业务情况，结合客户路途远近，确定每一地区应收账款的标准回收期。

（2）以确定的标准回收期与企业"应收账款"账户有关明细账资料作对比，对于超过标准回收期的款项再作进一步调查，看是否存在款项收回后通过不正当手段私分的情况。

第三节 预付账款项目的错弊及其查证

1. 预付账款核算范围中常见错弊有哪些？如何查证？

"预付账款"账户应反映按购货合同规定，在取得商品材料之前预先支付给销货方的定金或货款，因此，不属于该范围的其他的一切支付或收入款项均不得在该账户进行核算。

常见错弊："预付账款"所反映的内容，存在不真实、不合理、不合法的情况，如企业将正常的销售收入、其他业务收入和营业外收入作为预付账款业务进行核算，造成账户对应关系混乱，从而达到截留收入、推迟纳税或偷税的目的。

查证措施：

（1）审阅"预付账款"账户摘要或对应账户的记录。

(2) 再查阅记账凭证和原始凭证,调查询问有关人员。

2. 预付账款处理中常见错弊有哪些?如何查证?

常见错弊:将"预付账款"与其他债权账户混淆使用,如销售材料的货款、存出保证金等业务,应分别在"应收账款"账户借方和"其他应收款"账户借方反映,但会计人员将上述业务反映在"预付账款"账户的借方,混淆了两种不同业务的性质。

查证措施:通过"预付账款"账户明细账的摘要、对应账户记录及相关会计凭证查证,并予以调整。

3. 预付账款回收中常见错弊有哪些?如何查证?

常见错弊:企业预付货款后,未能按期或未能收到商品、材料,给企业造成另一种形式的坏账损失。这种情况的发生往往是由于本单位对销货方信誉、货源情况不够了解,或受骗上当,或与销货方签订的合同不合法、不合理。

查证措施:审阅"预付账款"明细账的账龄长短及相关的记账凭证、原始凭证,必要时审阅本单位与销售方签订的合同,调查询问有关人员和单位,以查证问题,进行正确处理。

案例 9-1　　　　预付账款长期挂账将形成坏账

查账人员在查阅某企业 20×3 年 4 月份"预付账款"明细账时,发现有一笔预付款业务账龄较长,数额较大,这和预付账款一般的挂账时间不应超过半年的常识大不相同,决定进一步查证。

查证人员查阅有关会计凭证,并调查询问当事人,得知该企业在 20×4 年初为购进一批紧缺的材料,与供货方 C 企业签订了购货合同,并预付定金 500 000 元,约定交货期为对方收到定金 3 个月,但到期供货方以停产和资金困难为由拒绝交货和退还定金,由于双方签订合同后未对合同进行公正,给追款造成困难,造成"预付账款"账户挂账 2 年未决,查证人员进一步审阅了双方签订的合同,认定情况属实。

被查企业在对供货方生产及货源、信誉情况了解不够充分的情况下即与供货方签订合同并预付定金,特别是合同又不经过公证,给企业造成了较大的经济损失,说明该企业在管理上比较混乱,相关的业务人员存在严重的渎职行为。

另外,在支付此笔预付账款时,财会人员未能严格地把关,草率地进行款项的支付,查账人员应督促被查企业妥善解决,吸取教训并追究有关人员责任。

第四节　应收票据、其他应收款项目的错弊及其查证

1. 应收票据项目核算中常见错弊有哪些？如何查证？

票据是买方或接受劳务的一方在未来日期支付货款或劳务费的一种书面承诺。应收票据就是卖方或提供劳务方应收回的票据标定的货款或劳务费。关于应收票据会计操作业务漏洞及审核与调整方法如下所述:

(1)账目设置不合理,核算不详细、不清楚。

对于应收票据应设置"应收票据"账户进行总分类核算。另外,还应设置"应收票据备查簿",逐笔登记每一商业汇票的种类、号码、签发日期、票面金额、交易合同号和付款人、承兑人、背书人的姓名或单位名称、到期日、贴现日和贴现净额,以及收款日期和收回金额等详细资料。商业汇票到期结清票款后,应在备查簿内逐笔注销。

在实际中存在着账目设置不合理,核算不详细、不清楚的问题。例如,有的企业对应收票据业务未设置"应收票据"科目进行专门核算,而是将其与应收账款混在一起,在"应收账款"账户内核算,从而不利于提供应收票据

和应收账款各自的财务信息。

还有的企业虽然设置了"应收票据"账户，但未设置"应收票据备查簿"，未能对每一商业汇票的详细情况及资料进行登记和反映，从而造成对应收票据核算不详细、不清楚的问题。

对于上述情况，审核人员只需要审阅检查被查单位的账户设置情况便可发现问题。审核人员应建议被查单位设置一套完善的核算应收票据的账，以便能对其进行详细、清楚的核算，但不需作出账务调整。

(2) 应收票据到期其款项未能收回。

这主要是商业承兑汇票可能产生的问题，银行承兑汇票不会产生这种问题。发生应收票据到期后未能收回款项的问题，主要是由于企业与无商业信用或无支付能力的单位进行商品交易或其他业务往来造成的，这固然有付方的责任，但与该企业(收款单位)的经济观念也不无关系。如在未搞清对方商业信誉及偿债能力的情况下，便盲目与之发生业务往来并收取其商业承兑汇票。如果要求对方签发银行承兑汇票就不会发生这种问题。

票据到期款项不能收回的问题发生后，会使"应收票据"账户挂账，或"应收票据备查簿"中所记录的实际收款日期和收款金额与应收款日期和金额不相符。审核人员在审阅、核对会计资料时发生这种线索或疑点后，通过调查询问便可查明这种问题。

对于被查单位长期未能收到款的应收票据，应促使其查明情况并进行妥善处理。若确属无法收回的，可作坏账损失处理，即作调整账务处理如下：

　　借：坏账准备　　　　　　　　　　　　×××
　　　　贷：应收票据　　　　　　　　　　×××

如果该款项已从"应收票据"账户转到"应收账款"账户，那么，上述贷方应为"应收账款"账户。

(3) 企业贴现的商业承兑汇票到期时，因承兑人的银行存款余额不足支付，贴现款被贴现银行从银行存款中扣出。造成这种问题固然主要是付款人(承兑方)的责任，但毫无疑问也有收款人(贴现申请人，即被查单位)经济观念不强的原因。

上述问题发生后,在"应收账款"、"银行存款"或"短期借款"账户会有所记载或反映。因为企业在收到已贴现商业承兑汇票拒付通知时,应作借记"应收账款"账户、贷记"银行存款"或"短期借款"账户转账处理。审核人员只需审阅上述账户中的摘要等内容,核对账证记录便可审核问题。

若该拒付款时间已久,应督促被查单位与承兑方联系妥善解决。若确属收不回的款项,可以作坏账损失处理,即:

借:坏账准备 ×××
　　贷:应收账款 ×××

(4)列作应收票据的经济事项不真实、不合法。

在实践中,有的企业将不属于应收票据的经济事项列作应收票据处理,或虚减应收票据业务,利用"应收票据"账户从事舞弊行为。

案例9-2

> 某企业为了在2011年度少纳增值税及企业所得税,于年末利用"应收票据"账户虚减销售收入500 000元,即作如下账务处理:
>
> 借:主营业务收入　　　　　　　　　　　　　　500 000
> 　　贷:应收票据　　　　　　　　　　　　　　　500 000
>
> 该企业于2012年初又作了冲转处理,即:
>
> 借:应收票据　　　　　　　　　　　　　　　　500 000
> 　　贷:主营业务收入　　　　　　　　　　　　　500 000

"应收票据"所反映该"经济事项"的摘要说明模糊不清,与"应收票据"对应的账户(如上述"主营业务收入"账户)所反映的经济事项的摘要说明也不清楚,据以登记"应收票据"账户及对应账户的会计凭证不真实、不完整,甚至只有记账凭证没有原始凭证,表现为账证、证证不符等。审核人员在审阅、核对会计资料时若发现上述线索或疑点,可在进一步审核相关会计资料、调查询问有关单位及人员的基础上追踪审核问题。

如对于上述利用"应收票据"账户虚减销售收入的问题，审核人员在审阅"应收票据"或"主营业务收入"账户时可能会发现问题的线索或疑点，在审阅核对会计凭证时也可能会发现线索或疑点。

发现线索或疑点后，可以将该笔事项进行账证、证证详细核对，调查询问被查单位的会计人员及有关人员，一般便可很快审核问题。

此类问题审核后，应根据具体情形作出恰当的账务调整。

如对于上述虚减销售收入的问题，由于2012年年初对上年年末虚减的销售业务作了冲账处理，因此，对这两个账户可以不再作调整处理。但是，如果该企业由此少纳税或从费用或收益中多提取了有关款项，那么，应作补税或冲销所多提款项的调整。

2. 其他应收款会计核算常见错弊有哪些？如何查证？

其他应收款会计核算的漏洞及查证方法如下：

（1）占用在其他应收款的款项主要有各种赔款、罚款、存出保证金、备用金、应向职工收取的各种垫付款项等。在实际中存在着应收的上述有关款项金额过大，如为职工垫付的有关款项的金额过大，以致影响了企业的正常业务活动。在"其他应收款"账上存在至检查日尚未收回的已超过正常收款期限的款项，这种款项甚至已形成损失，仍挂在"其他应收款"账上。如应向有关单位或个人收取的各种赔款、罚款长期未能收回，有的存出保证金已超过正常的收款期限而仍然未能收回，有的已属无法收回的内容，形成了损失等。对于此类问题，查证人员应审阅"其他应收款"明细账记录内容，根据其金额、日期及摘要说明判断是否存在上述问题，或者有无上述问题的线索或疑点。发现线索或疑点后，再调阅会计凭证，进行账证核对，经过调查分析断定是否存在上述问题。

对于其他应收款占用金额过大的问题，应给被查单位提出改进建议；对于其他应收款检查日仍未收回的已属长期末收回的款项，应督促被查单位主动与欠款单位或个人取得联系，尽快收回该笔款项。若确属无法收回的其他应收款，应研究列作损失，计入管理费用，即作如下账务调整：

借：管理费用 ×××
　　贷：其他应收款（有关明细账） ×××

（2）列作其他应收款的经济业务不真实、不合法,利用"其他应收款"账户从事舞弊行为。

在实践中发生这类问题的形式很多,这里列举两种形式,并说明其查证与调整方法。

案例 9-3　　利用其他应收款挪用资金

某公司行政事业部经理李某为解决自己装修新房急用现金 10 000 元的问题,便编造网络公司需要预交空间服务费 10 000 元的理由,并填写了一张借款单,骗取了本公司财务经理的签字,金额为 10 000 元。会计部门根据借款单将款借给了李某,并做如下账务处理：

借：其他应收款——李某 10 000
　　贷：库存现金 10 000

上述问题发生后,留下的线索或疑点是,李某借款后长期未报账,造成"其他应收款"账户挂账,直至检查日仍未报账。

分析：如果预交网络公司空间服务费,李某应在取得对方公司的发票之后,及时到会计部门报销,但从借款到报销的时间间隔已经超出了正常情况。另外,借支的 10 000 元现金也超出了现金支付限额,即使真的预交费用,也应采用银行转账的办法。

查账人员在审阅检查会计账簿时,若发现上述一个或几个线索或疑点后,应进一步详细审阅,核对有关会计资料,调查询问李某及有关会计人员,从而查证问题。

李某借支的 10 000 元到检查日尚未报账,应责令其将款退回,退回后应作冲账处理,即：

借：库存现金 10 000
　　贷：其他应收款——李某 10 000

第十章　针对负债项目常见错弊的查证

第一节　负债概述

　　负债包括流动负债和非流动负债。流动负债,是指将在一年(含一年)或者超过一年的一个营业周期内偿还的债务,包括短期借款、应付票据、应付账款、预收账款、应付职工薪酬、应付股利、应交税费、其他应付款等。非流动负债,是指偿还期在一年以上或者超过一年的一个营业周期以上的负债,包括长期借款、应付债券、长期应付款等。

　　1. 什么叫短期借款？如何核算？

　　短期借款是指企业向银行或其他金融机构借入的期限在一年以下(含一年)的各种借款。我国工商企业的短期借款形式主要有:流动资金借款、临时借款、票据贴现借款、预购定金借款和其他期限在一年以下的借款。

　　(1)企业借入的各种短期借款,借记"银行存款"科目,贷记"短期借款"科目;归还借款时,借记"短期借款"科目,贷记"银行存款"科目。

　　(2)发生的短期借款利息应当直接计入当期财务费用,借记"财务费用"科目,贷记"银行存款"等科目。

　　(3)"短期借款"科目应按债权人设置明细账,并按借款种类进行明细核算。

　　(4)"短期借款"科目期末贷方余额,反映企业尚未偿还的短期借款的本金。

2.什么叫应付票据？如何核算？

"应付票据"科目核算企业购买原材料、商品和接受劳务供应等而开出、承兑的商业汇票，包括银行承兑汇票和商业承兑汇票。

（1）企业开出、承兑商业汇票或以承兑商业汇票抵付货款、应付账款时，借记"材料采购"、"库存商品"、"应付账款"、"应交税费——应交增值税（进项税额）"等科目，贷记"应付票据"科目。

（2）支付银行汇票的手续费，借记"财务费用"科目，贷记"银行存款"科目。收到银行支付到期票据的付款通知，借记"应付票据"科目，贷记"银行存款"科目。

（3）企业开出的商业汇票，如为带息票据，应于期末计算应付利息，借记"财务费用"科目，贷记"应付票据"科目。票据到期支付本息时，按票据账面余额，借记"应付票据"科目，按未计的利息，借记"财务费用"科目，按实际支付的金额，贷记"银行存款"科目。

（4）应付票据到期，如企业无力支付票款，按应付票据的账面余额，借记"应付票据"科目，贷记"应付账款"科目。到期不能支付的带息应付票据，转入"应付账款"科目核算后，期末时不再计提利息。

（5）企业应当设置应付票据备查簿，详细登记每一应付票据的种类、号数、签发日期、到期日、票面金额、票面利率、合同交易号、收款人姓名或单位名称以及付款日期和金额等资料。应付票据到期结清时，应当在应付票据备查簿内逐笔注销。

（6）"应付票据"科目期末贷方余额，反映企业持有尚未到期的应付票据本息。

3.什么是应付账款？如何核算？

"应付账款"科目核算企业因购买材料、商品和接受劳务供应等而应付给供应单位的款项。

（1）企业购入的材料、商品等验收入库，但货款尚未支付，根据有关凭证，借记"材料采购"等科目，按专用发票上注明的增值税额，借记"应交税费——应交增值税（进项税额）"科目，按应付的价款，贷记"应付账款"科目。

（2）企业接受供应单位提供的劳务而发生的应付未付款项，根据供应单位的发票账单，借记"生产成本"、"管理费用"等科目，贷记"应付账款"科目。支付时，借记"应付账款"科目，贷记"银行存款"科目。

（3）企业开出、承兑商业汇票抵付应付账款，借记"应付账款"，贷记"应付票据"科目。

（4）企业与债权人进行债务重组时，按有关规定，借记"应付账款"科目，贷记相关的会计科目。

（5）企业将应付账款划转出去，或者确实无法支付的应付账款，直接转入资本公积，借记"应付账款"科目，贷记"资本公积——其他资本公积"科目。

（6）"应付账款"科目应按单位设置明细账，进行明细核算。期末贷方余额，反映企业尚未支付的应付账款。

4. 什么是预收账款？如何核算？

"预收账款"科目核算企业与购货单位或个人所签订的合同中明确的预收账款或定金；企业出口商品，预收国外客户的外汇货款或定金，也在"预收账款"科目核算，企业也可增设"预收外汇账款"科目核算。

（1）企业向购货单位预收款项时，借记"银行存款"科目，贷记"预收账款"科目；销售实现时，按实现的收入和应交的增值税销项税额，借记"预收账款"科目，按实现的营业收入，贷记"主营业务收入"科目，按专用发票上注明的增值税额，贷记"应交税费——应交增值税（销项税额）"等科目。

（2）购货单位补付的款项，借记"银行存款"科目，贷记"预收账款"科目；退回多付的款项，借记"预收账款"科目，贷记"银行存款"科目。

（3）预收账款情况不多的企业，也可以将预收的款项直接记入"应收账款"科目的贷方，企业不设"预收账款"科目。

(4)"预收账款"科目应按购货单位设置明细账,进行明细核算。

(5)"预收账款"科目期末贷方余额,反映企业向购货单位预收的款项;期末如为借方余额,反映企业应由购货单位补付的款项。

5. 什么是应付职工薪酬？如何核算？

"应付职工薪酬"科目核算企业应付给职工的工资总额,包括在工资总额内的各种工资、奖金、津贴、补贴等。对于企业的应付职工薪酬是否在当月支付,均应通过"应付职工薪酬"科目核算。

(1)财务会计部门应将工资单进行汇总,编制"工资汇总表",按规定手续向银行提取现金,借记"库存现金"科目,贷记"银行存款"科目。支付工资时,借记"应付职工薪酬"科目,贷记"库存现金"科目。从应付职工薪酬中扣还的各种款项,借记"应付职工薪酬"科目,贷记"其他应收款"、"应交税费——应交个人所得税"等科目。职工在规定期限内未领取的工资,由发放的单位及时交回财务会计部门,借记"库存现金"科目,贷记"其他应付款"科目。

(2)月度终了,应将本月应发的工资进行分配:

生产、管理部门的人员工资,借记"生产成本"、"制造费用"、"管理费用"科目,贷记"应付职工薪酬"科目。

应由采购、销售费用开支的人员工资,借记"销售费用"科目,贷记"应付职工薪酬"科目。

应由工程负担的人员工资,借记"在建工程"等科目,贷记"应付职工薪酬"科目。

应由职工福利费开支的人员工资,借记"应付福利费"科目,贷记"应付职工薪酬"科目。

(3)企业应当设置"应付职工薪酬明细账"。按照职工类别分设账页,按照职工的组成内容分设专栏,根据工资单或"工资汇总表"进行登记。

(4)"应付职工薪酬"科目期末一般应无余额,如果企业本月实发工资是按上月考勤记录计算的,实发工资与按本月考勤记录计算的应付职工薪酬的差额，即为"应付职工薪酬"科目的期末余额。如果企业实发工资与应付职工薪酬相差不大的，也可以按本月实发工资作为应付职工薪酬进行分配，这样"应付职工薪酬"科目期末一般应无余额。如果不是由于上述原因引起的应付职工薪酬大于实发工资的，期末贷方余额反映为工资结余。

6. 什么是其他应付款？如何核算？

"其他应付款"科目核算企业应付、暂收其他单位或个人的款项，如应付租入固定资产和包装物的租金、存入保证金等。具体包括：应付经营租入固定资产和包装物租金；职工未按期领取的工资；存入保证金；应付、暂收所属单位、个人的款项；其他应付、暂收款项。

（1）发生的各种应付、暂收款项，借记"银行存款"、"管理费用"等科目，贷记"其他应付款"科目；支付时，借记"其他应付款"科目，贷记"银行存款"科目。

（2）"其他应付款"科目应按应付和暂收款项的类别、单位或个人设置明细账，进行明细核算。

（3）"其他应付款"科目期末贷方余额，反映企业尚未支付的其他应付款项。

7. 什么是长期借款？如何核算？

"长期借款"科目核算企业借入期限在一年以上的各种借款。对借入在一年以上的外汇借款也在"长期借款"科目核算，或增设"长期外汇借款"科目核算。

（1）企业借入的长期借款，借记"银行存款"、"在建工程"、"固定资产"等科目，贷记"长期借款"科目；归还时，借记"长期借款"科目，贷记"银行存款"科目。

（2）企业与债权人进行债务重组。

①以低于应付债务账面价值的现金清偿债务的，企业应按应付债务的账面余额，借记"长期借款"科目，按实际支付的价款，贷记"银行存款"科目，

按其差额,贷记"资本公积——其他资本公积"科目。

②以非现金资产清偿债务的,按相关规定进行处理。

③以债务转为资本的,应按应付债务的账面余额,借记"长期借款"科目,按债权人因放弃债权而享有的股权的份额,贷记"实收资本"或"股本"科目,按其差额,贷记"资本公积——资本溢价"科目。

④以修改其他条件进行债务重组的,修改其他负债条件后,未来应付金额小于债务重组前应付债务账面价值的,应将其差额计入资本公积,借记"长期借款"科目,贷记"资本公积——资本溢价"科目。

⑤以现金、非现金资产、债务转为资本和修改其他债务条件等方式的组合清偿某项债务的,企业应以先支付的现金、转让的非现金资产的账面价值、债务转为资本,冲减重组债务的账面价值,之后再按相关规定进行处理。

(3)企业将长期借款划转出去,或者无须偿还的长期借款,直接转入资本公积,借记"长期借款"科目,贷记"资本公积——其他资本公积"科目。

(4)企业发生的借款费用包括利息、汇兑损失等,应进行以下处理:属于筹建期间的,计入长期待摊费用,借记"长期待摊费用"科目,贷记"长期借款"科目;属于生产经营期间的,计入财务费用,借记"财务费用"科目,贷记"长期借款"科目;属于发生的与固定资产购建有关的专门借款的借款费用,在固定资产达到预定可使用状态前按规定予以资本化的,借记"在建工程"科目,贷记"长期借款"科目,固定资产达到预定可使用状态后所发生的借款费用以及按规定不能予以资本化的借款费用,借记"财务费用"科目,贷记"长期借款"科目。

(5)"长期借款"科目应按贷款单位设置明细账,并按贷款种类进行明细核算。

(6)"长期借款"科目期末贷方余额,反映企业尚未偿还的长期借款本息。

8.什么叫应付债券?如何核算?

"应付债券"科目核算企业为筹集长期资金而实际发行的债券及应付的

利息。企业如果发行在一年期以下的短期债券,应单独设置"应付短期债券"科目进行核算。"应付债券"科目应当设置债券面值、债券溢价、债券折价、应计利息等明细科目。

(1)企业发行债券时,按实际收到的款项,借记"银行存款"、"库存现金"等科目,按债券票面价值,贷记"应付债券——债券面值"科目;溢价发行的债券,还应按发行价格与票面价值之间的差额,贷记"应付债券——债券溢价"科目;折价发行的债券,还应按发行价格与票面价值之间的差额,借记"应付债券——债券折价"科目。

(2)企业债券应按期计提利息,溢价或折价发行债券,其债券发行价格总额与债券面值总额的差额,应当在债券存续期间分期摊销,摊销方法可以采用实际利率法,也可以采用直线法。

(3)按面值发行债券应计提的利息,借记"在建工程"、"财务费用"科目,贷记"应付债券——应计利息"科目;溢价发行的债券,按应摊销的溢价金额,借记"应付债券——债券溢价"科目,按应计利息,贷记"应付债券——应计利息"科目,按应计利息与溢价摊销的差额,借记"在建工程"、"财务费用"科目;折价发行的债券,按应摊销的折价金额和应计利息之和,借记"在建工程"、"财务费用"科目,按应摊销的折价金额,贷记"应付债券——债券折价"科目,按应计利息,贷记"应付债券——应计利息"科目。

(4)债券到期,支付债券本息时,借记"应付债券——债券面值"科目和"应付债券——应计利息"科目,贷记"银行存款"科目。

(5)"应付债券"科目应按债券种类设置明细账,进行明细核算。

(6)企业在发行债券时,应将待发行债券的票面金额、债券的票面利率、还本期限与方式、发行总额、发行日期和编号、委托代售部门、转换股份等情况在债券备查簿中进行登记。

(7)"应付债券"科目期末贷方余额,反映企业尚未偿还的债券本息。

9. 什么叫长期应付款?如何核算?

"长期应付款"科目核算企业除长期借款和应付长期债券以外的其他各

种长期应付款,包括采用补偿贸易方式引进国外设备价款、应付融资租入固定资产租赁费等。

(1)企业按照补偿贸易方式引进设备时,按设备、工具、零配件等的价款以及国外运杂费的外币金额和规定的汇率折合为人民币记账,借记"在建工程"、"原材料"等科目,贷记"长期应付款"科目。

按补偿贸易方式引进的国外设备交付验收使用时,将其全部价值,借记"固定资产"科目,贷记"在建工程"科目。

(2)企业用人民币借款支付进口关税、国内运杂费和安装费等,借记"在建工程"、"原材料"等科目,贷记"银行存款"、"长期应付款"科目。

(3)归还引进设备款时,借记"长期应付款"科目,贷记"银行存款"、"应收账款"科目。

(4)融资租入固定资产,应当在租赁开始日,按租赁开始日租赁资产的原账面价值与最低租赁付款额的现值两者中较低者作为入账价值,借记"在建工程"或"固定资产"科目,按最低租赁付款额,贷记"长期应付款(应付融资租赁款)"科目,按其差额,借记"未确认融资费用"科目。

如果在租赁开始日按最低租赁付款额入账的企业,应按最低租赁付款额,借记"固定资产"科目,贷记"长期应付款"科目。

按期支付融资租赁费用时,借记"长期应付款(应付融资租赁款)"科目,贷记"银行存款"科目。

租赁期满,如合同规定将设备所有权转归承租企业,应当进行转账,将固定资产从"融资租入固定资产"明细科目转入有关明细科目。

(5)企业长期应付款所发生的借款费用,比照长期借款的借款费用处理规定办理。

(6)"长期应付款"科目应按长期应付款的种类设置明细账,进行明细核算。

(7)"长期应付款"科目期末贷方余额,反映企业尚未支付的各种长期应付款。

第二节　流动负债的常见错弊及其查证

流动负债包括短期借款、应付票据、应付账款、预收账款、应付职工薪酬、应付股利、应交税费、其他应付款等。下面就分别介绍它们的常见错弊及其查证。

1. 短期借款的常见错弊有哪些？如何查证？

（1）短期借款业务程序和手续不完备、不合规。

主要表现为：企业发生的短期借款业务未经有关机构批准，或者所签订的借款合同条款不完备等。

具体的查账方法为：审查企业的短期借款计划，检查企业是否编制了短期借款计划；计划项目内容是否全面；有关数字计算是否准确；编制计划的依据是否科学、合理等。同时将计划的有关内容与企业现金流量表或筹资计划书核对，在调查了解有关实际情况的基础上予以证实。

（2）短期借款利息处理不合理。

主要表现为：企业为了完成利润指标，对于短期借款利息不及时计列企业的财务费用。

具体的查账方法为：核对短期借款有关明细账户内记载的借款、还款时间以及有关借款计划和合同，查证企业利息的计算、支付方法和账务处理是否正确、及时。

（3）短期借款取得时没有物资保证或物资保证不充足。

具体的查账方法为：根据企业有关财产物资账户及会计资料检查取得该项借款时有无物资保证，并分析、鉴定作为保证的物资是否为适销、适用的产品、商品及材料，同时查明作为借款保证物资的价格、金额计算是否正确，有无故意多计的情况。

(4)短期借款未按规定用途使用。

主要表现为:企业未按合同约定的范围使用短期借款。

具体的查账方法为:根据短期借款有关明细账户内的记录确定借款的具体种类及金额,追踪检查相应时期的会计资料,查证企业对其取得的有关短期借款是否按规定的用途使用。

2. 应付票据的常见错弊有哪些?如何查证?

(1)应付票据发生和偿还不真实、记录不完整。

具体的查账方法为:编制应付票据明细表,复核加计是否正确,并检查其与应付票据登记簿、报表数、总账数和明细账合计数是否相符。

(2)应付票据期末余额不正确,有的应付票据长期挂账。

具体的查账方法为:选择应付票据的重要项目,函证其余额是否正确,并根据回函情况,编制与分析函证结果汇总表,以确定应付票据的真实性;检查应付票据备查簿,抽查若干重要原始凭证,确定其是否真实,会计处理是否正确;询问有关当事人,调查相关情况,进行综合分析。

(3)带息的应付票据的利息计算及会计处理不正确。

具体的查账方法为:复核带息应付票据的利息是否足额计提,查阅应付票据明细账,检查其会计处理是否正确。

(4)应付票据金额与发票金额不一致。

具体的查账方法为:核对票据金额与发票金额是否一致,如果不一致,应查询有关当事人,查证有无利用票单差异的错弊行为。

3. 应付账款的常见错弊有哪些?如何查证?

(1)应付账款有关账户金额账账不符。

主要表现为:企业"应付账款"总账账户余额与明细账余额之和不符;"应付账款"账户余额与债权人"应收账款"账户余额不符。

具体的查账方法为:核对"应付账款"账户及其有关账户记录,如有疑点应进一步查证。

(2)销货退回不冲减应付账款。

主要表现为:企业购入货物退货时故意不冲减相应欠款或货款,利用购货退回或假购进货物,贪污货款。

具体的查账方法为:检查退货登记簿的退货记录,并以此记录对照检查"应付账款"账户的贷方余额,看是否相应减少,然后查明减少数是否由"银行存款'或"库存现金"账户列支。

(3)企业通过"应付账款"账户藏匿销售收入。

主要表现为:企业为了隐匿收入以减轻税负,对已经实现的销售收入,不贷记有关收入账户,而在"应付账款"中记录。

具体的查账方法为:审核"应付账款"账户及其有关账户的记录,审核相关业务的原始凭证,进行查证。

(4)虚列"应付账款"数额。

主要表现为:企业将不属于应付账款范围的开支列入"应付账款"账户,然后再做转销或转账处理,从而达到各种不正当目的。

具体的查账方法为:审阅"应付账款"明细账,检查企业有无虚设明细账,将非法支出列入该明细账;检查该账户有无反常方向余额。审阅账户发现疑点后,再抽调会计凭证,通过账证核对查证问题。

(5)利用应付账款,贪污现金折扣。

主要表现为:会计人员对于规定期内支付的应付账款,先按总价借记"材料采购",贷记"应付账款",在付款期内付款时,对享有的现金折扣不予以扣除,按发票原价支付货款,然后从债权人处取得退款支票或现金。

具体的查账方法为:审核有关明细账户内记载的采购、付款时间以及有关采购计划和合同,查证有无利用应付账款贪污现金折扣的情况。

4.预收账款的常见错弊有哪些?如何查证?

(1)利用预收账款业务欺骗购货单位或消费者。

具体的查账方法为:检查购销合同,查明是否按合同规定预收货款;检查供货单位有无提供合同规定商品的生产能力,在规定的期限内能否按期发货。

(2)尚未结清的预收账款与合同或协议不相符,超出规定的期限仍未交货或提供劳务。

具体的查账方法为:核对"预收账款"明细账与双方签订的合同或协议,分析是否相符,有无超出规定期限尚未发货或按规定退回多收的预收账款的现象。

(3)利用"预收账款"账户进行舞弊。

具体的查账方法为:检查"预收账款"明细账,将摘要未写或摘要内容模糊不清、无购销合同或预收的货款与合同不符等的记录与其会计凭证核对,检查其有无合法齐全的原始凭证,从而查证问题。

(4)利用"预收账款"截留收入。

具体的查账方法为:检查"预收账款"减少的记录时,应同时检查是否反映收入。如果没有反映收入,应调阅原始凭证,查明账户之间的对应关系,找出问题所在。

5.应付职工薪酬的常见错弊有哪些?如何查证?

(1)应付职工薪酬计算不正确。

主要表现为:由于计时工资的考勤记录不准,造成计时工资计算不正确;由于计件工资的产量、质量记录不准,造成计件工资计算不正确;有关津贴的支付不符合国家规定的标准;有些代扣款项的计算不准确等。

具体查账方法为:审阅工资结算单,考勤记录,产量、质量记录及其他有关会计资料,检查其通过"应付职工薪酬"核算的内容是否确属工资总额的项目,考勤记录,产量、质量记录有无多记多列情况;核对"工资结算表"中的职工姓名与单位劳动人事部门的职工名册,检查有无虚列职工姓名进行贪污的行为;复核"工资结算表"内的有关项目,检查其计算是否准确。

(2)应付职工薪酬的发放程序不健全、管理不严,虚拟工资名单,从中套取私利。

主要表现为:发放工资手续不健全,职工领取工资后不签章;伪造职工签章,冒领工资;对于职工暂时未领的工资,由出纳保管后,没有及时地将其作为其他应付款入账;虚拟职工姓名、人数,多计、多发工资;职工由于调出、退休、死亡等原因减少后,仍将其列在工资单中发放工资。

具体查账方法为:核对"工资结算表"中的实发数与现金日记账中的现金提取数,检查其是否相符;审阅"工资结算表"中的职工签名,分析检查有无签章不全或伪造签章进行冒领的问题。

6.其他应付款的常见错弊有哪些?如何查证?

(1)将其他项目列入"其他应付款"科目。

主要表现为:将出售废旧物资、材料等款项的收入列入"其他应付款"科目;将商品销售收入的一部分截留在"其他应付款"账户。

具体的查账方法为:检查"其他应付款"明细账,检查摘要说明有无模糊不清或没有摘要说明的情况,发现问题的疑点后再抽调会计凭证,进行账证、账账核对,询问有关单位和个人以查证问题是否存在。

(2)"其他应付款"长期挂账。

具体的查账方法为:检查"其他应付款"明细账,检查长期挂账未清理的记录,并抽调相应的会计凭证,询问有关单位和个人,查证长期挂账的原因。

第三节 非流动负债的常见错弊及其查证

非流动负债是指偿还期在一年或者超过一年的一个营业周期以上的债务,包括长期借款、应付债券、长期应付款等。

1.长期借款的常见错弊有哪些?如何查证?

(1)企业没有编制长期借款计划或计划编制不合理,举借长期借款没有履行必要的审批手续。

具体的查账方法为：检查借款合同和授权批准，了解借款数额、借款条件、借款日期、还款期限、借款利率，并与相关会计记录相核对。

（2）长期借款没有按规定用途使用。

具体表现为：企业随意改变长期借款的用途、挪用长期借款。

具体的查账方法为：将工程项目价值的增加与长期借款的增加进行核对，并审查企业近期的重大支出项目，通过比较分析，查明有无挪用借款或长期占用借款的现象。

（3）长期借款利息的计算及会计处理不正确。

具体表现为：未按会计期间预提借款利息；利息费用计入的账户不正确等。

具体的查账方法为：计算长期借款在各月份的平均余额，结合利率计算利息支出，并与"财务费用"、"在建工程"的相关记录核对，判断企业是否高估或低估利息支出，必要时进行适当调整。

（4）长期借款本息的归还不及时。

具体的查账方法为：检查年末有无到期未偿还的借款，逾期借款是否办理了延期手续，分析计算逾期借款的金额、比率和期限，判断企业的资信程度和偿债能力。

2. 应付债券的常见错弊有哪些？如何查证？

（1）债券发行的会计处理不正确。

具体的查账方法为：核对"应付债券"及有关账户的明细分类账和总分类账，检查债券交易的各项原始凭证及记账凭证，并与"应付债券"及有关账户的记录进行核对。

（2）债券折价、溢价摊销的核算不正确。

具体的查账方法为：复核债券每期的利息、折价或溢价的每期摊销数额，检查债券利息、溢价、折价等账户的记录并与会计凭证进行核对。

（3）预提债券利息计算有错误。

具体的查账方法为：检查发行债券的各项原始凭证，确定债券面值、实收金额、折价和溢价、利率等,复核计算债券的每期利息并与"应付债券"账户的记录进行核对。

(4)发行债券所募集资金的用途与债券原发行目的不符。

具体的查账方法为:将工程项目价值的增加与应付债券的增加进行核对,并审查企业近期的重大支出项目,通过比较分析,查明有无挪用债券募集的资金或长期占用债券募集资金的现象。

3. 长期应付款的常见错弊有哪些?如何查证?

(1)长期应付款业务签订的合同或协议不合理,或者根本无相关合同或协议,而是虚列该账户。

具体的查账方法为:检查长期应付款业务有无相关合同以及合同的合理性,分析长期应付款业务发生的必要性,是否存在以引进设备为由骗取外汇等情况。

(2)长期应付款账户设置和使用不合理,把长期应付款记入"应付账款"账户。

具体的查账方法为:检查原始凭证与记账凭证,根据有关账簿记录检查其账户使用有无漏洞,账户设置是否正确。

(3)长期应付款业务的每期支付款项与合同规定不相符。

具体的查账方法为:将"长期应付款"账户的记录与合同规定进行核对,查证合同执行情况,然后询问相关当事人查证可疑问题。

(4)付款期满后长期应付款业务还继续付款。

具体的查账方法为:重点检查"长期应付款"的各明细账,注意其金额有无反常或出现借方余额,然后与原始凭证、有关合同进行核对,以查证问题。同时以函证与对方对账,以查明有无多计或少计负债的现象。

第十一章　针对所有者权益常见错弊的查证

第一节　所有者权益概述

1. 什么是所有者权益？与负债的区别是什么？

与资产和负债的"定性"表述不同，所有者权益通常被"定量"化地加以描述。我国《企业会计准则》规定，所有者权益是指企业资产扣除负债后由所有者享有的剩余权益。

所有者权益和负债同属权益。权益是指对企业资产的求偿权，它包括投资人的求偿权和债权人的求偿权两种，但两者又有区别，主要表现在以下几个方面：

第一，性质不同。负债是债权人对企业资产的求偿权，债权人与企业是债权债务关系，到期可以收回本息；而所有者权益则是企业所有者对企业净资产的求偿权，这种求偿权没有明确的偿还期限，除非企业破产清算，否则一般不会返还投资人的投资。

第二，偿还责任不同。负债要求企业按规定的时间和利率支付利息，到期偿还本金；而所有者权益则与企业共存亡，在企业经营期内无须偿还。

第三，享受的权利不同。债权人通常只有享受收回本金和按照事先约定的利率收回利息的权利，既没有参与企业经营管理的权利，也没有参与企业收益分配的权利。企业的所有者不仅享有法定的自己管理企业的权利，而且还享有委托他人管理企业的权利。

第四，计量特征不同。负债通常可以单独直接地进行计量；所有者权益除了投资者的原始投资以外，一般不能直接计量，而是通过资产和负债的计量来进行间接地计量。

第五，风险和收益的大小不同。负债由于具有明确的偿还期限、约定的收益率，而且一旦到期就可以收回本金与相应的利息，其获得的收益是相对固定的，因而风险较小；而所有者一旦将资本投入被投资企业，一般情况下无论企业未来的经营状况如何，都不能抽回投资，因而承担的风险较大，相应地，也就有可能获得较高的收益，当然，也有可能要承担更大的损失。

企业的所有者权益可以分为实收资本、资本公积、盈余公积和未分配利润四个部分。其中，盈余公积和未分配利润也被称为企业的留存收益。在股份公司，实收资本又称为股本。

2. 什么是实收资本？怎样核算？

企业的实收资本是指投资者按照企业章程或合同、协议的约定，实际投入企业的资本。有限责任公司的股东应按照合同、协议和章程规定的投资形式出资。下面分别以不同的投资形式说明有限责任公司投入资本的核算：

（1）以现金投入。

当收到股东以货币资金出资时，应借记"银行存款"科目，贷记"实收资本——××股东"科目；若投入的金额超过占投资比例的部分，其超过部分属于资本溢价，应贷记"资本公积——资本溢价"科目。

（2）以非现金资产投入。

①当收到投资者以原材料等存货出资时，应按存货的计划成本，借记"原材料"等科目，按专用发票上注明的增值税额，借记"应交税费——应交增值税（进项税额）"科目，按投资各方确认的价值，贷记"实收资本"和"资本公积"科目，按计划成本与投资各方确认的价值之间的差额，借记或贷记"材料成本差异"等科目。

②当收到投资者以固定资产出资时，应按投资各方确认的价值，借记

"固定资产"科目,贷记"实收资本"和"资本公积"等科目。

③当收到投资者以无形资产出资时,应按投资各方确认的价值,借记"无形资产"科目,贷记"实收资本"和"资本公积"等科目。为首次发行股票而接受投资者投入的无形资产,一般应按该项无形资产在投资者的账面价值,借记"无形资产"科目,贷记"股本"和"资本公积"等科目。

3. 什么是盈余公积? 怎样核算?

(1)法定盈余公积。

法定盈余公积是企业按照税后利润和法定比例计提的盈余公积。法定盈余公积的主要用途是弥补亏损和转增资本。

企业计提法定盈余公积时,应借记"利润分配"科目,贷记"盈余公积——法定盈余公积"科目。按规定,企业计提的法定盈余公积达到注册资本的50%时,可以不再提取;超过注册资本25%以上的部分,可以用于转增资本。用法定盈余公积弥补亏损时,应借记"盈余公积——法定盈余公积"科目,贷记"利润分配——盈余公积补亏"科目;用法定盈余公积转增资本时,应借记"盈余公积——法定盈余公积"科目,贷记"实收资本"科目。

(2)任意盈余公积。

任意盈余公积是企业在提取法定盈余公积后,经股东大会决议,从税后利润中提取的盈余公积。企业在提取任意盈余公积时,借记"利润分配"科目,贷记"盈余公积——任意盈余公积"科目。任意盈余公积的用途与法定盈余公积相同。

4. 什么是未分配利润? 如何核算?

未分配利润是企业留待以后年度进行分配的结存利润。

企业应于年度终了,将"本年利润"科目的余额转入"利润分配——未分配利润"科目;同时,将"利润分配"其他二级科目的余额转入"利润分配——未分配利润"科目。经过上述结转后,"利润分配——未分配利润"科目的余额如果在贷方,即为未分配利润;如果在借方,则为未弥补亏损。未弥补亏损为所有者权益的抵减项目。

第二节　实收资本的常见错弊及查证

1. 实收资本业务中缴纳投资款时有哪些常见错弊以及如何查证?

常见错弊:投资的缴纳时间、数额、比例不符合规定。

查证措施:审阅"实收资本"各有关明细账中的记录,如出资人、出资时间、数额;再与营业执照、政府有关法规制度的规定对比,分析筹集情形;最后确定问题,并作出处理意见。

2. 实收资本业务中投资款的入账依据和价值方面有哪些错弊以及如何查证?

(1)常见错弊:投入资本的入账依据和入账价值不正确。

查证措施:依据银行日记账与银行查对,必要时请银行协助核实。以外币作为投入资本的,应审核其汇率的选定是否合理。依据银行账,确定其汇率,然后与会计制度的规定或协议对比。

(2)常见错弊:资本增加、转让未按规定办理。

查证措施:查阅"实收资本"的明细账及有关对应的"银行存款"账户,看其是否合法合规,在此基础上,确定应正确记入哪个项目,或与合营他方协商,作出调整。

3. 实收资本业务中增减资本金方面有哪些错弊以及如何查证?

常见错弊:随意增减资本金,违反资本保全原则。

查证措施:根据"实收资本"的借方发生额,查阅明细账,看其内容是否符合规定,如有关会计制度、向登记机关办理变更登记手续等,进行调整。

第三节 留存收益的常见错弊及查证

1. 留存收益核算内容方面有哪些常见错弊以及如何查证?

常见错弊:将不属于盈余公积内容列入盈余公积。

查证措施:审阅盈余公积有关明细账贷方记录的摘要内容,看其是否符合规定。

2. 留存收益计提基数和比例方面有哪些常见错弊以及如何查证?

常见错弊:提取盈余公积的基数不是税后利润,提取的比例不合法。

查证措施:根据"盈余公积"贷方数额,与税后利润进行测算,或用"盈余公积"贷方余额与"实收资本"贷方余额进行对比,看其比例是否在25%之上。发现疑点后,对税后利润的分配进行复核。

3. 使用留存收益时有哪些常见错弊以及如何查证?

(1)常见错弊:盈余公积的使用不合法。如盈余公积转增资本后,低于注册资本的25%。

查证措施:审阅"盈余公积"借方记录时对其具体内容进行审查。可用转增资本后的"盈余公积"的贷方余额与注册资本比例来衡量是否有问题。必要时还要看是否有一定的授权批准手续、是否依法办理增资手续,取得合法的增资文件等。

(2)常见错弊:混淆了公益金与一般盈余公积的界限。如用公益金支付职工集体福利设施建设后,没有转回为一般盈余公积。

查证措施:审查有关资产账户如"银行存款"贷方记录,看与此笔分录相关的有无另一笔转账分录,如果没有,则漏记了盈余公积内部的结转,使盈余公积核算不实,查证后予以调整。

第十二章 针对成本费用常见错弊的查证

第一节 成本费用概述

1. 什么是成本？

成本是指企业为生产产品、提供劳务而发生的各项耗费,如材料耗费、工资支出、折旧费用等。费用是指企业为销售商品、提供劳务等日常活动所发生的经济利益的流出。

为了贯彻配比原则,企业应当合理划分成本和期间费用的界限。成本应当计入所生产的产品、提供劳务的成本;期间费用应当直接计入当期损益。

产品成本按其经济用途可分为直接材料、直接工资、其他直接支出和制造费用等。

(1)直接材料,是指构成产品主要部分的材料的成本,包括企业生产经营过程中实际消耗的原材料、辅助材料、备品配件、外购半成品、燃料、动力、包装物以及其他直接材料。

(2)直接工资,是指在生产过程中对材料进行直接加工使其变成产成品所用人工的工资。直接工资包括企业直接从事产品生产人员的工资、奖金、津贴和补贴。

(3)其他直接支出,是指直接从事产品生产人员的职工福利费等支出。

(4)制造费用,是指在生产过程中发生的那些不能归入直接材料、直接工资、其他直接支出的各种费用。制造费用包括企业各个生产单位(分厂、车间)为组织和管理生产所发生的生产单位管理人员工资、职工福利费、生产单位房屋建筑物和机器设备等的折旧费、租赁费(不包括融资租赁费)、修理费、差旅费、运输费、保险费、设计制图费、试验检验费、劳动保护费、季节性修理期间的停工损失以及其他间接生产费用等。

2. 什么是期间费用?

期间费用主要包括管理费用、销售费用、财务费用等三个类别。

管理费用是指企业行政管理部门为组织和管理生产经营活动而发生的费用。

销售费用是指企业在销售产品、提供劳务等日常经营过程中发生的各项费用以及专设销售机构的各项经费。包括:运输费、装卸费、包装费、保险费、广告费,业务费以及为销售本公司商品而专设的销售机构的职工工资及福利费等经常性费用。

财务费用是指企业为筹集生产经营所需资金等发生的费用,包括利息支出(减利息收入)、汇兑损失(减汇兑收益)以及金融机构手续费等。

3. 产品成本核算的一般程序是什么?

工业企业生产费用的发生过程,就是产品生产成本形成的过程。产品生产成本核算的过程,就是各种要素费用按其经济用途进行分配和归集,最后计入本月各种产品生产成本,按成本项目反映完工产品和月末在产品成本的过程。因此,工业企业生产成本核算的一般程序为:

(1)对生产费用进行审核和控制,确定应否支出,支出的费用应否计入产品生产成本。

(2)将应该计入本月产品生产成本的各项要素费用在各种产品之间,按照成本项目进行分配和归集,计算各种产品生产成本。

(3)对于有月初、月末在产品的产品,还应将月初在产品成本与本月生产费用之和，在完工产品和月末在产品之间进行分配和归集，即将本月生产费用加上月初在产品成本，减去月末在产品成本，计算各种完工产品的生产成本。

第二节　成本费用的常见错弊及其查证

1. 直接生产费用中常见错弊有哪些？如何查证？

（1）常见错弊：将不属于产品成本负担的费用支出列入直接材料费等成本项目。

查证措施：审阅企业"在建工程"的明细账，根据"在建工程"明细账的记录，进行业务内容分析。从工程成本的材料成本水平、动力费水平和工资水平等，找出疑点，进一步查证成本计算明细，并作调整。

（2）常见错弊：将不属于本期产品成本负担的材料费用支出一次全部列作本期成本项目。

查证措施：审阅产品成本计算单，发现直接材料费成本项目有的月份高，有的月份低，从而可以发现疑点。根据成本"直接材料"项目忽高忽低现象，进一步查阅生产统计报表，扣除由于产量的变动造成材料成本的高低变化，随后到材料库查询有关材料明细账，经调查后确定问题。

（3）常见错弊：将对外投资的支出计入成本、费用项目。

查证措施：审阅银行存款日记账，根据银行存款日记账的摘要栏记录的文字针对单位的大宗汇款，进一步调阅凭证，取得凭证后，再调查、查询该笔汇款是否是汇来的投资收益，确定问题。

（4）常见错弊：将应属于成本项目的支出列入其他支出。

查证措施：审阅"在建工程"明细账，发现工程造价超过工程预算比较多。应调查修理费的处理方式，根据调查结果，进一步审阅"待摊费用"明细账或"预提费用"明细账后确定问题,并作调整。

(5)常见错弊:将应由福利费支出的费用列入成本项目。

查证措施:

①审阅工资计算单及工资费用分配表。检查费用支出标准是否合理。

②再审阅工资费用分配表,确定问题,并进行调整。

(6)常见错弊:将回收的废料收集起来,不冲减当月的领料数,而作为账外物资处理。

查证措施:进行实地盘点,了解账外物资的情况。

2. 制造费用核算内容方面常见错弊有哪些?如何查证?

(1)常见错弊:将不属于制造费用内容的支出列作制造费用。

查证措施:

①审阅制造费用明细账;

②审阅制造费用计划,若费用超支较多,可怀疑有错把不该列入制造费用的支出列入了制造费用项目;

③审阅"在建工程"明细账、工资费用分配表,确定费用支出的实际业务内容;

④进行核对、综合分析,确定问题,并作调整。

(2)常见错弊:将属于期间费用的支出列作制造费用。

查证措施:审阅制造费用明细账,根据账中的摘要记录字样,确定费用支出的实际内容,经调阅记账凭证查询,确定问题,并作调整。

(3)常见错弊:将不属于当月列支的费用列入当月制造费用。

查证措施:审阅制造费用明细账中摘要的文字记录,确定支付业务的实际经济内容,再与有关原始凭证核对,确定问题,并作出调整。

(4)常见错弊:将属于制造费用列支的费用未列作制造费用。

查证措施:审阅"在建工程"、"递延资产"、"无形资产"等有关明细账时,发现疑点或线索,进而核对原始凭证,调查了解该项经济业务的具体内容,并作调整。

3. 制造费用计算中常见错弊有哪些？如何查证？

常见错弊：任意提高费用支出标准，加大制造费用项目的成本开支。

查证措施：审阅"累计折旧"明细账时，如发现某月提取的折旧额有变化，就带着这个问题去进一步审查固定资产总账及有关明细账，确定提取的折旧额的变化是因为设备增减造成的，还是因为折旧方法、折旧率变化造成的，确定其问题，并作调整。

4. 在产品成本包含内容中有哪些错弊以及如何查证？

(1) 常见错弊：将不属于在产品成本的费用计入在产品成本。

查证措施：根据生产科报送的生产统计报表，了解在产品的加工情况，审阅生产成本计算单，确定问题，并作调整。

(2) 常见错弊：将属于在产品成本的费用不计入在产品成本。

查证措施：审阅生产成本计算单或明细账，检查完工产品与在产品费用的分配方法，然后再计算原材料成本占总成本的比重，即可确定问题，并作调整。

5. 在产品成本分配与计算中常见错弊有哪些？如何查证？

(1) 常见错弊：企业在完工产品与在产品费用分配方法的选择上，不应该采用在产品按定额成本计价的方法。

查证措施：审阅有关定额资料、查询，确定各项指标的准确性。如各项消耗定额、费用定额等，再进一步审阅月末在产品定额成本计价，即可确定问题。

(2) 常见错弊：有意将在产品的完工程度估计过低。

查证措施：审阅生产成本计算单或明细账时，核实在产品的实际完工程度，进一步审阅各工序完工率的测算。判断完工程度的计算是否有意压低。确定问题，并作调整。

(3) 常见错弊：虚拟在产品数量，增加在产品的成本。

查证措施:审阅在产品收发结存账,根据该账记录与实物进行核对。

6. 产成品成本核算内容方面常见错弊有哪些?如何查证?

(1)常见错弊:在产品成本核算中,有意加大产成品成本。

查证措施:审阅自制半成品的明细账,在审阅过程中发现有关产品的自制半成品的明细账期末余额为红字,需进一步查询,确定问题。

(2)常见错弊:把新开发的产品试制费,计入产成品的成本,加大产成品成本。

查证措施:审阅生产计划,发现有新产品试制,再进一步审查新产品试制计划及成本计算单,经查询、落实后,确定问题,并作调整。

7. 产成品成本核算方法方面常见错弊有哪些?如何查证?

常见错弊:不采用分类法进行产品成本核算,将副产品作为账外物资,将生产过程中的费用全部计入主要产品成本,加大了产成品的成本。

查证措施:

①对产品性质及产品生产工艺进行了解。

②在了解生产过程的情况下,再审阅生产报表和生产成本计算单,确定问题,并作调整。

8. 期间费用方面常见错弊有哪些?如何查证?

(1)常见错弊:混淆生产成本与期间费用及支出的界限。

查证措施:审阅各种期间费用明细账、支出明细账及"生产成本"、"制造费用"明细账,发现线索,必要时调阅有关会计凭证作进一步查证;也可通过查阅有关存货明细账贷方记录及摘要发现疑点。

(2)常见错弊:任意扩大支出范围、提高支出标准。

查证措施:审阅有关期间费用明细账记录并对照有关制度规定,采用抽查法、核对法进行查证;也可以通过对比前后各期及与以前年度同期的费用水平,看其有无波动,原因是什么。

(3)常见错弊:利用报销费用、支出,采取多种方式进行经济犯罪。

查证措施:审查有关费用、支出明细账,现金及银行存款日记账,特别应注意对原始凭证的审核。

(4)常见错弊:虚列有关费用和支出,人为降低利润水平。

查证措施:查阅有关的费用支出明细账,特别要检查原始凭证和记账凭证,了解该业务是否真实。

(5)常见错弊:私分商品或将产品、商品出售后款项存入"小金库",其成本转入支出、费用账户。

查证措施:检查原始凭证,走访当事人,也可以审查有关明细账摘要内容等发现疑点。

(6)常见错弊:外币业务较多的企业,利用"汇兑损益"账户人为地调节利润水平。

查证措施:审查各外币账户明细账的有关记录并将其与人民银行公布的市场汇率及开户银行挂牌汇率相核对,核实所有汇率是否正确真实,有无随意调节利润的现象。

案例 12-1　　　　利用虚假报销骗取公司资产

　　查账人员在 20×6 年 12 月 1 日审查华兴公司"管理费用"明细账时,发现一笔 20×6 年 7 月该公司采购部张某报销的差旅费 1 万元。因为金额较大,查账人员怀疑张某利用假报销骗取公司资产。

　　查账人员调阅此笔报销的记账凭证和原始凭证,发现报销时间为 20×6 年 6 月 10 日,凭证为现付字 30#,金额 1 万元。审查人员调阅该凭证,其记录为张某报销深圳差旅费,并有部门领导的签字。

　　查账人员决定追踪调查,在询问会计主管时,会计主管以忘记此事推辞,在询问部门负责人时,发现并没有派张某出差一事,进而核对笔迹,与该部门领导的签字有差异,为假冒。查账人员又询问会计主管,会计主管则声称审核不慎将现金报销给张某。

查账人员对调查结果进行分析,认为张某报销大额差旅费,不可能不认真审核。会计主管与张某可能有某种特殊关系。经调查,张某与会计主管是亲戚关系。在最后调查张某时,张某承认借用公款1万元用于个人开办的小卖部。

会计主管利用职务之便,放弃监督的职责,为他人骗取公司资产大开方便之门,属于严重的渎职行为,责令张某立即返还公款并处以罚款。

在事实面前,会计主管对上述问题供认不讳,并同意接受处罚。

该公司收回被挪用的公款1万元和罚金收入1 000元时,应作如下分录:

借:库存现金　　　　　　　　　　　　　　　　　　　11 000
　贷:其他应收款——张某　　　　　　　　　　　　　　11 000
　　　营业外收入——罚款　　　　　　　　　　　　　　 1 000

案例12-2　　报喜不报忧,用资产损失冲减资本金

查账人员20×6年1月在审阅某工业企业20×5年度账时,发现固定资产盘亏30万元,因上一年度刚进行财会制度改革,查账人员对此特别注意,同时发现"实收资本"借方发生额30万元,查账人员怀疑其有随意冲减资本金的问题。

查账人员审阅了"实收资本"总账,发现其摘要中注明30万元发生额的原因是固定资产盘亏,对应科目为"待处理财产损溢"。

接着,查账人员调阅了对应的记账凭证,发现其会计分录是:

借:实收资本　　　　　　　　　　　　　　　　　　　300 000
　贷:待处理财产损溢　　　　　　　　　　　　　　　　300 000

查账人员又调阅了"待处理财产损溢"借方发生额分录的记账凭证,发现其分录为:

借:累计折旧　　　　　　　　　　　　　　　　　　　 50 000
　　待处理财产损溢——待处理固定资产损溢　　　　　300 000
　贷:固定资产——模具　　　　　　　　　　　　　　　350 000

第十二章 针对成本费用常见错弊的查证 | 195

据此,查账人员认为该企业用固定资产盘亏冲减了资本金。经询问该企业会计人员,了解到被查单位为了完成当年的利润指标,获得职工全员的承包奖金,未把此笔固定资产的损失计入当期损益,而是通过减少实收资本来解决。

第十三章 针对利润及利润分配常见错弊的查证

第一节 收入、利润概述

1. 什么是收入？有哪些分类？

收入是指企业在销售商品、提供劳务及让渡资产使用权等日常活动中形成的经济利益的总流入。收入通常包括商品销售收入、劳务收入、利息收入、使用费收入、租金收入、股利收入等，但不包括为第三方或客户代收的款项，如增值税等。

收入可以有不同的分类。按照收入的性质，可以分为商品销售收入、劳务收入和让渡资产使用权（即他人使用本企业的资产）而取得的收入等；按照企业经营业务的主次分类，可以分为主营业务收入和其他业务收入。不同行业其主营业务收入所包括的内容也不同，工业性企业的主营业务收入主要包括销售商品、自制半成品、代制品、代修品，提供工业性作业等所取得的收入；商品流通企业的主营业务收入主要包括销售商品所取得的收入；旅游企业的主营业务收入主要包括客房收入、餐饮收入等。其他业务收入主要包括转让技术取得的收入、销售材料取得的收入、包装物出租收入等。

2. 主营业务收入如何核算？

（1）实现主营业务收入的账务处理。

企业销售商品、提供劳务符合收入确认原则的，应在收入确认时，将实现的收入记入"主营业务收入"科目，借记"银行存款"、"应收账款"、"应收票据"等科目，贷记"主营业务收入"、"应交税费——应交增值税（销项税额）"等科目。

（2）结转主营业务成本的账务处理。

企业销售商品、提供劳务，通常在月份终了，汇总结转已销商品、已提供的各种劳务的实际成本。按结转的实际成本，借记"主营业务成本"科目，贷记"库存商品"、"劳务成本"等科目。

（3）营业税金及附加的账务处理。

企业销售商品、提供劳务，应按规定计算销售商品、提供劳务应交的消费税、营业税、资源税、城市维护建设税和教育费附加，按以主营业务收入为基础计算得出的应缴纳的各种税金和附加费，借记"营业税金及附加"科目，贷记"应交税费（按各税金分列明细科目）"科目。

3. 营业外收支如何核算？

（1）营业外收入的核算。

为了对营业外收入进行总分类核算，应设置"营业外收入"科目。该科目贷方登记企业发生的营业外收入数，借方登记期末转入"本年利润"科目的数额，结转后本科目无余额。该科目应按营业外收入的具体项目设置明细账。

当企业发生各项营业外收入时，应借记"库存现金"、"银行存款"、"待处理财产损溢"、"固定资产清理"、"应付账款"等科目，贷记"营业外收入"科目。期末结转时借记"营业外收入"科目，贷记"本年利润"科目。

（2）营业外支出的核算。

为了对营业外支出进行总分类核算，应设置"营业外支出"科目。该科目借方登记发生的各项营业外支出数额,贷方登记期末转入"本年利润"科目的数额,结转后该科目无余额。该科目应按支出项目设置明细账。

当企业发生各项营业外支出时,应借记"营业外支出"科目,贷记"库存现金"、"银行存款"、"待处理财产损溢"、"固定资产清理"等科目;期末将"营业外支出"科目余额转入"本年利润"科目时,借记"本年利润"科目,贷记"营业外支出"科目。

4. 补贴收入如何核算?

企业取得的补贴收入计入企业利润总额,并通过设置"补贴收入"科目核算。企业实际收到先征后返增值税,应借记"银行存款"科目,贷记"补贴收入"科目。企业按销量或工作量等依据国家规定的补助定额计算并按期给予的定额补贴,应于期末按应收的补贴金额,借记"应收补贴款"科目,贷记"补贴收入"科目;实际收到补贴收入时,借记"银行存款"科目,贷记"应收补贴款"科目。如属于国家财政扶持的领域而给予的其他形式的补助,企业应于收到时,计入补贴收入,借记"银行存款"科目,贷记"补贴收入"科目。期末,应将"补贴收入"科目的余额转入"本年利润"科目,结转后无余额。

5. 什么是利润?有关利润的计算公式是什么?

利润是企业在一定期间的经营成果,即收入与成本费用相抵后的差额,如果收入小于成本费用,则为亏损。

利润总额减去所得税后的金额为净利润。用公式表示如下:

公式1:

$$\begin{pmatrix}利润总额\\(或亏损总额)\end{pmatrix} = 营业利润 + 投资净收益 + 营业外收入 - 营业外支出 + 补贴收入$$

公式2:

$$净利润 = 利润总额 - 所得税$$

(1)营业利润是指主营业务利润加上其他业务利润,减去销售费用、管理费用和财务费用后的金额。

（2）投资净收益是指企业对外投资所取得的收益，减去发生的投资损失和计提的投资减值准备后的净额。

（3）营业外收入是指企业发生的与企业生产经营无直接关系的各项收入。主要包括：固定资产盘盈收益、罚款净收入、处理固定资产净收益、非货币性交易收益、出售无形资产收益、教育费附加返还款等。

（4）营业外支出是指企业发生的与企业生产经营无直接关系的各项支出。

（5）补贴收入是指企业按规定实际收到退还的增值税，或按销量或工作量等依据国家规定的补助定额计算并按期给予的定额补贴，以及属于国家财政扶持的领域而给予的其他形式的补贴。

（6）所得税是指企业应计入当期损益的所得税费用。

6. 利润如何核算？

为了进行本年利润的核算，企业应设置"本年利润"科目，核算企业本年度实现的利润（或亏损）。年度终了时，企业应将各收益类科目的余额转入"本年利润"科目贷方，将各成本、费用、支出科目的余额转入"本年利润"科目借方。结转以后，"本年利润"科目余额如在借方，则表示企业发生的亏损总额，余额如在贷方，则反映企业本年度累计实现的利润总额。

7. 税后利润结转如何核算？

税后利润是指企业的税前利润扣除所得税费用后的余额。税后利润一般通过"本年利润"科目进行核算。

企业利润的核算可采用账结法，即企业在每月月末将所有损益类科目的余额转入"本年利润"科目，借记所有收入类科目，贷记"本年利润"科目；借记"本年利润"科目，贷记所有费用类科目。经过上述结转后，损益类科目月末均没有余额，"本年利润"科目的贷方余额表示年度内累计实现的税后利润总额，借方余额表示年度内累计发生的亏损总额。采用账结法，账面上能够直接反映各月末累计实现的税后利润总额和累计发生的亏损总额，但每月结转本年利润的工作量较大。

8. 利润分配如何核算?

企业税后利润分配的内容主要包括弥补以前年度亏损、提取盈余公积和向投资者分配利润等。

为了反映利润分配的数额,企业应设置"利润分配"科目,并设置"提取盈余公积"、"应付利润"和"盈余公积补亏"等二级科目。

(1)弥补以前年度亏损。按所得税法规定,企业某年度发生的亏损,在其后5年内可以用税前利润弥补,从其后第6年开始,只能用税后利润弥补。如果税后利润还不够弥补亏损,则可以用发生亏损以前提取的盈余公积来弥补(因为从发生亏损的年度开始,在亏损完全弥补之前不应提取盈余公积)。用盈余公积弥补亏损时,应借记"盈余公积"科目,贷记"利润分配——盈余公积补亏"科目。

(2)提取盈余公积。企业的税后利润在弥补了以前年度亏损以后,如果还有剩余,应按一定比例计提盈余公积,借记"利润分配——提取盈余公积"科目,贷记"盈余公积"科目。

(3)向投资者分配利润。企业当年的税后利润在扣除弥补以前年度亏损和提取盈余公积以后的数额,再加上年初未分配利润,即为当年可以向投资者分配利润的限额。企业可以在此限额内,决定向投资者分配利润的具体数额。结转应付投资者利润时,应借记"利润分配——应付利润"科目,贷记"应付利润"科目;实际支付利润时,借记"应付利润"科目,贷记"银行存款"等科目。

9. 利润结算如何核算?

为了反映本年税后利润的形成及分配情况,应在"利润分配"科目下设置"未分配利润"二级科目进行利润结算的核算。年末,应将"本年利润"科目的余额转入"利润分配——未分配利润"科目,并将"利润分配"科目所属的其他二级科目的余额转入"未分配利润"二级科目。结算本年利润时,应借记"本年利润"科目,贷记"利润分配——未分配利润"科目;如为亏损,则编制相反的会计分录。结算本年分配的利润时,应借记"利润分配——未分配利润"科目,贷记"利润分配——提取盈余公积"、"利润分配——应付利润"科目;如果发生盈余公积补亏,则应借记"利润分配——盈余公积补亏"科目,贷记"利润分配——未分配利润"科目。经过上述结转以后,"本年利润"科目应无余额;"利润分配"科目所属的二级科目,除"未分配利润"以外,其他二级科目也应无余额。"未分配利润"二级科目的贷方余额表示年末未分配利润;借方余额表示年末未弥补亏损。

第二节 利润形成及利润分配的常见错弊及查证

1. 主营业务收入中有哪些常见错弊?

主营业务收入是指企业销售商品或提供劳务等取得的营业收入,对生产型、销售型企业也称之为销售收入,其造假的主要方式有:

(1)产品销售收入入账时间不正确。根据企业会计准则及企业会计制度规定,企业发出商品,同时收讫货款或取得索取货款的凭证时,作为销售收入的入账时间,但是有的企业常常违反上述规定,人为地改变入账时间,改变当期计税基数。随意调整当期的利润,影响了利润数据的真实性。

(2)发票管理不严格。发票是企业销售产品的主要原始凭证,也是计税的主要依据。有些企业不按发票管理办法严格管理发票,在发票的使用和保管过程中存在着许多问题,主要表现在销售时开具"阴阳票",代他人开票等。这样便给偷税、漏税、贪污盗窃、私设"小金库"留有了余地。

(3)产品销售收入的入账金额不实。某些企业销售商品时以"应收账款"、"银行存款"直接冲减"库存商品"、"产成品",从而随意变动记账的销售额,造成当期损益不实。

(4)故意隐匿收入。企业为了逃税,在发出商品,收到货款,但发票尚未给购货方的情况下,将发货联单独存放,作为应付账款下账。

(5)白条出库,作销售入账。企业应在发出商品、提供劳务,同时收讫货款或取得索取货款的凭证时,确认产品销售收入的实现。有的企业为了虚增利润,依据白条出库来确认销售收入的实现。

(6)预收货款提前转作销售收入。企业预先收到购货单位支付的货款,应通过"预收账款"账户进行核算,等发出商品时,再冲减"预收账款",同时,增加"主营业务收入"科目的核算。但企业为了调整利润,在产品还未发出时便确认销售,视为销售收入的实现。

(7)向预付款单位发出商品时,不做销售处理。财务制度规定企业向购货单位预收货款后,应当在发出产品时,做实现销售的账务处理。但有些企业在预收购货单位的货款,向购货单位发出商品时,为了调整当期损益,直接记入"分期收款发出商品"而不记入"主营业务收入",从而偷逃税款,转移利润。

(8)虚设客户,调整利润。有的企业为了调增利润,采取假设客户,编造产品销售收入的做法。

(9)延期办理托收承付,调整当年利润。企业采用托收承付的结算方式销售产品,当产品发出,托收手续已办妥并取得收取价款的凭据时,应作为销售收入处理。但企业为了控制利润数额,少交税,便采取延期办理托收手续,故意减少当期主营业务收入的手法。

(10)销货退回,虚拟业务。按财务制度规定,对销售退回不论是本年度退回,还是以前年度的销售退回,均应冲减当月销售收入。但在工作中,有些企业为了不影响利润,对退回的产品不入账,形成账外财产,或者直接虚拟往来,不冲减主营业务收入。

(11)延期结算代销产品,经办人员获利私吞。企业委托其他单位代销产品,代销清单应按企业与代销单位商定的日期按时提供作为委托单位下账的原始依据。有的委托单位经办人私欲强烈,私用职权,允许代销单位采用延期提供代销清单的不法行为。

（12）赊销商品转作收入，虚增存货周转率。企业将没有产生收入的赊销产品，按现销作为当期的收入办理，以至于提高了企业的存货周转率。

（13）销售自制半成品，直接冲减生产成本。企业为了调整损益，将应入库后作销售的半成品，在未入库之前直接从车间发给客户，并将取得的销售收入直接冲减生产成本。

（14）低价出售产品，经办人员捞取回扣。在市场竞争中，企业在业务上允许销售人员根据情况，在给定的价格变动幅度内上下浮动，这样使得有关经办人在销售价格上有机可乘。

（15）产品"以旧换新"，用差价计收入。企业采用"以旧换新"的促销方式，对新旧产品都应下账处理，对回收的旧产品做购进处理，对发出的新产品应作销售处理，但企业却用差价计算销售收入，使得企业少交税款。

（16）凭空填制记账凭证，将收入转为损失。企业在结账时，发现收入太大，税金过高，便凭空填制记账凭证，虚减产品销售收入，将收入转为财产损失计入当年损益。

（17）补收的销售额，直接计入营业外收入。企业因报价错误而少收了货款后，向购货方追缴货款的差额，不补计销售收入而是直接计入营业外收入，从而少计销项税额。

（18）对销售折扣与折让处理不规范来调整收入。按规定，工业企业发生的销售折扣及折让应抵减产品销售收入项目，商品流通企业则单独将其反映在"销售折扣与折让"账户，企业在工作中经常虚设折扣与折让事项冲减收入。

（19）销售退回的运杂费一并混入销售冲销。企业销售货物发生退回，经双方协议，退回运杂费由销货方承担，但企业将销售返回的运杂费一并冲销销售收入，使得企业虚减收入。

（20）用销售折扣与折让，截留纳入"小金库"。有的企业通常把属于销售收入的金额以"折让"、"折扣"名义擅自截留，存入"小金库"以便用于非法支出。

（21）来料加工节省材料，不作收入。工业企业对外进行加工、修理、修配业务,按合同规定节省材料可留归企业所有,有些企业将节省材料作价出售,却不作收入处理。

(22)工业性劳务,直接冲减成本。工业企业从事工业性劳务,属于主营业务,对其收入与成本应进行明细核算,劳务收入记入"主营业务收入",期末结转其成本。有的企业将工业性劳务收入直接记入"生产成本"以冲减劳务成本,达到逃税的目的。

(23)在建工程领用产成品,不做销售处理。企业在建工程在领用自制产品时,应视同销售。结算时按产品售价,借记"在建工程",贷记"主营业务收入"。有的企业为了降低固定资产的造价,在领用自制产品时,不做销售收入处理,而是直接冲减成本。

2. 对营业收入如何进行查证?

对销售收入(或营业收入)的查证,主要包括入账是否及时,账实是否相符,款项是否及时收回,各项手续是否齐全等。具体的讲,需要从以下几个方面对销售收入(或营业收入)进行查证:

(1)审查销售发票,特别是产品销售的正式发票。一般用抽查法,检查时应注意:是否是税务部门监印的统一发货票,空白发票是否有专人保管,发票的领、用、存数是否与实际相符,是否连号并装订成册,发票存根有无涂改及其他不正当的情况,作废发票应有份数是否完整,是否加"作废"字样的印章,一些紧俏产品销售是否存在非正常情况,如大批量的合同外供货,价格偏低等。

(2)审查销售收入(或营业收入)是否全部入账。企业除了产品销售收入外,还有其他销售业务。应注意审查是否全部记入销售收入(或营业收入)账内。比如,有的企业销售材料,直接借记"银行存款",贷记"原材料",有的企业将应列入产品成本和销售价格内的包装物价格,不列作销售收入,而直接抵减成本。还有的企业的各项工程、福利事业使用本企业的商品产品,直接贷记"产成品",借记工程成本或福利单位费用而漏记销售收入等。

(3)审查销售收入(或营业收入)是否及时入账。有的企业为了达到某种目的,如减少或扩大承包期经济效益,偷、逃税款等,人为地提前或推迟销售收入(或营业收入)入账时间,比如在采用托收承付结算方式下,不管托收承付款是否到账,一律作为"发出商品"入账或者作为销售收入(或营业收入)入账。

检查的方法:一是进行账表核对。即主营业务收入或其他业务收入账与会计报表互相核对,看账表是否相符。二是以账核账,一方面,根据成本明细账的完工产品数量核对产成品的入库数量,根据产成品明细账的销售数量,推算销售额,核对销售明细账;另一方面与"银行存款"或"应收账款"核对看入账是否及时。三是进行检查调账记录核对,即核实年度内其他检查中发现的漏登收入账项是否已作调账记录。

3. 结转损益类账户时常见错弊有哪些?如何查证?

(1)常见错弊:年末损益类账户未如实结转"本年利润"账户,还有不应有的余额。

查证措施:审阅总账,检查各损益类账户是否存在不正常余额;发现疑点,即直接询问有关人员,查证问题;对"所得税费用"和"本年利润"科目进行调整。

(2)常见错弊:"其他业务成本"科目的结转不正确。

查证措施:核查"其他业务成本"的总账,看是否留有借方余额;审查其明细,如果留有借方余额,应首先查证该余额属于什么类型的项目。

4. 利润核算范围方面常见错弊有哪些?如何查证?

常见错弊:本年利润的形成包含其他非利润的形成因素。

查证措施:查阅净利润形成的会计凭证,检查其对方科目是否都属于前述损益类账户,是否存在不正常情况,发现疑点后再与会计主管人员核实,从而确定本年净利润的多计或少计额。

5. 利润计算中常见错弊有哪些?如何查证?

常见错弊:各月净利润的计算不正确。

查证措施:审阅总账各损益类科目,根据形成净利润的各科目的月末余额逐月加以复核,发现错误再进行有关调整。

6. 利润分配顺序中常见错弊有哪些?如何查证?

(1)常见错弊:利润分配顺序不正确。

查证措施:审阅核对企业利润分配的会计凭证,根据本年转入的净利润额,按正确分配顺序逐项计算核对,发现问题再找有关人员核实,确定问题的性质和严重程度,进行有关账项调整。

(2)常见错弊:亏损弥补不正确。主要是应由税后利润弥补的亏损计入了税前利润,从而影响应纳所得税及净利润的正确计算。

查证措施:审阅净利润形成的会计凭证,如果有用税前利润弥补亏损的情况,再追踪审计;调阅以前年度的有关报表或总账,了解亏损形成及弥补情况,推算是否超过规定的可以用税前利润弥补的期限;核实确定后,再进行有关利润形成和分配的账项调整。

(3)常见错弊:向投资者分配的利润不真实、不正确。

①分出利润所依据的投资协议不合理或已失效。

②多分或少分了投资者利润。

③账务处理上计入净利润形成而不是净利润分配,从而影响所得税的正确计算等。

查证措施:

①根据当年的数据判断应否向投资者分配利润;审阅实收资本明细账,查明外部投资的真实性;调阅投资协议,核实投资协议的合理性、有效性,了解有关利润分配的规定。

②根据有关协议与利润分配的会计凭证相核对,确定向投资者分配利润的真实与否,发现问题后向有关部门及外部有关投资者查询、确证。

③确定问题的性质及其严重程度,进行有关的账项调整。

7. 提取盈余公积时常见错弊有哪些?如何查证?

常见错弊:法定盈余公积金的提取金额不正确。

查证措施：审查"盈余公积"账户，了解是否提取了法定盈余公积；如果未提取，应计算法定盈余公积是否已超过资本总额的50%；如果已提取，应按规定分配顺序和标准计算提取额是否正确。发现问题后应核实确证，并进行有关调整。

第十四章 针对会计报表常见错弊的查证

第一节 会计报表概述

1. 什么是会计报表?

会计报表是将反映在各种会计账簿中的企业发生的各项经济业务的资料,进行汇总整理,用以反映企业或其他经济组织的财务状况、经营成果、现金流量或预算执行情况及其结果的报告文件。

会计报表主要包括资产负债表、利润表、现金流量表、所有者权益变动表和附注。

资产负债表是反映一定时点企业资产、负债、所有者权益等财务状况的会计报表,通过该表可使投资者、债权人等企业内外部相关利益者了解企业的经济资源和结构、经济来源和构成、企业资金的流动性、财务的适应性等。

利润表是反映企业一定时期经营成果的会计报表,反映了企业的收入、成本、费用、税收等情况,揭示了企业利润的构成和实现过程,是企业内外部相关利益者了解企业经营业绩的主要窗口,为企业分配利润和评价企业经营管理业绩提供了重要依据,也是预测企业未来利润情况的基础。

现金流量表是反映企业一定会计期间经营活动、投资活动和筹资活动产生的现金流入、流出及现金净流量信息的会计报表。

现金流入、流出可以说是每一个企业经营活动的核心,一个财务状况良好、利润上佳的企业,如果没有足额的现金,不能支付生产经营的各项开支,偿还到期债务,同样会出现财务危机。关注现金流量情况成为了解一个企业财务信息的最重要的窗口,利用现金流量表可以帮助投资人、债权人及其会计信息使用者评估企业创造未来净现金流量的能力,有助于会计报表使用者了解净利润与有关现金收支产生差异的原因,并评价企业的有关经营、投资、筹资活动对企业财务状况的影响。

所有者权益变动表是指反映所有者权益各组成部分增减变动情况的报表,所有者权益变动表应当全面反映一定时期所有者权益变动情况,不仅包括所有者权益总量的增减变动,还包括所有者权益变动的重要结构性信息,让报表使用者准确理解所有者权益变动的根源。

附注是对资产负债表、利润表、现金流量表和所有者权益变动表等报表中列示项目的文字描述或明细资料以及对未来在这些报表中列示项目的说明等。

2. 会计报表的检查目的是什么?

企业的所有者、债权人、联营方以及政府、银行都十分关心企业的财务状况、经营成果和现金流量情况。会计报表是企业在组织经济活动中对外和对内所提供的最全面、最完整、最重要的会计信息,因此会计报表编报的合规性,反映信息的真实性、正确性,就显得非常重要。为了满足报表使用者多方面的关系人以及企业自身经营管理的需要,企业提供的会计报表必须真实、可靠、合规。但经营者本身无法证明自己所编制的会计报表是公正客观的,并且会有可能出于自身利益而粉饰扭曲企业真实经营状况。在这种企业内部经营者和企业外部关系人信息严重不对称的情况下,为了纠错防弊,维护各方合法权益,客观上需要独立的(独立于企业内外部利益相关者)具有专业知识和正直品格的人,对企业会计报表进行验证,企业会计报表的检查也就应运而生了。因此,会计报表的检查增加了会计报表的可信性,已检查的会计报表比未检查的会计报表有更高的可信性指数。

会计报表检查的目的是验证会计报表的公允性、合法性和一贯性。公允性是检查会计报表是否真实完整地反映了企业的财务状况和经营成果,有无夸大利润资产、隐瞒亏损负债等的情况;合法性是检查会计报表的编报及其会计处理是否遵循了会计准则和有关法规、制度的规定,披露的内容是否真实又无误导;一贯性是审查被查企业的会计处理方法是否前后期一致,若发生会计处理方法变更,审查该变动是否必要、合理,并是否在会计报表附注中进行披露。

3. 会计报表的检查重点是什么?

对会计报表的检查主要有两个方面:会计报表的编制技术检查,侧重于报表的合法性、公允性和一贯性;会计报表的分析和评价性检查,侧重于对报表财务状况和经营成果的评价。

对会计报表的检查主要通过以下三个方面的检查实现:

(1)会计报表常规性检查。

①报表编制是否符合规定的手续程序。

②各种报表(如主表和附表)的附注是否齐全。

③报表截止日期是否适当。

④资料来源是否可靠。

⑤报表内容是否完整。

⑥各项目数据,如年初、年末数及小计、合计、总计,是否正确。

(2)报表勾稽关系检查。

①前期报表与本期报表的关系,即本期报表中有关项目的期初数等于上期报表期末数,本期报表中有关累计数是否为上期报表的累计数加本期发生数。

②本期报表内部各项目之间的勾稽关系,如资产负债表中的"资产"是否等于"负债+所有者权益"。

③各类报表之间的勾稽关系,如资产负债表中"未分配利润"是否等于利润分配表中"未分配利润"。

④主表与附表之间的勾稽关系,如利润表中的"净利润"是否等于利润

分配表中的"净利润"。现金流量表正表的"现金及现金等价物净增款"是否等于补充资料中的"现金及现金等价物净增加额";现金流量表正表中的"经营活动的现金流量"是否等于补充资料中的"经营活动产生的现金净流量"。

(3)对报表中具体内容的检查。

即对报表中有关数据进行审查分析,验证报表中的数据是否真实、正确地反映了企业的财务状况、经营成果和现金流量。针对不同报表应采用不同的审查方法。

资产负债表是一静态报表,反映某一时点的财务状况。资料主要来自于资产、负债、所有者权益等账户,这些账户既有余额可供核算,又有实物可供盘点,还可以通过调查取证及进行平衡分析、结构分析等以证实报表数据的真实性。

利润表则属动态报表,反映某一时期的经营成果,其资料来源于收入、成本、费用等账户,一般无余额,也无实物可供盘点,往往需要通过计算、摊销、分配才能得出其报表项目数。

所以对不同报表项目检查应采用不同的方法,才能达到检查目的。

第二节 会计报表的常见错弊及查证

1. 会计报表编制中有什么错弊以及如何查证?

(1)常见错弊:

①数字不真实。

②内容不完整。

③计算不正确。

④说明不清楚。

(2)查证措施:

①运用核对法,将会计报表中的有关数字与有关账簿或其他方面的数

字相核对,以检查其是否相符、真实。

②审阅各种会计报表的底稿,调查分析有关经济活动情况,结合审阅其账簿记录,检查其会计报表的内容是否齐全、完整。

③运用复核法将会计报表中存在计算关系的有关指标进行重新计算,并进行二者的核对,以检查其计算是否准确。

④审阅检查对会计报表的说明,分析其说明是否清楚、准确,有无未加说明造成会计报表内容不完整的问题。

2. 会计报表勾稽方面有什么错弊以及如何查证?

常见错弊:报表之间有关项目之间,表内各有关项目之间,本期报表与前期报表有关项目之间,未形成正常的对应关系,使各会计报表未形成一个有机的整体,所反映的经济信息存在着某种缺陷。如主营业务收支明细表中有关收支项目金额与利润表中的相应收支项目金额未形成相等的对应关系。造成这种问题的原因可能是填表差错或计算错误,也可能是出于某种非法目的而故意为之。

查证措施:运用分析法、核对法来查证,即将存在对应关系的各报表、本期报表与上期报表、某种报表内部各项目金额进行核对,检查其是否相符。

3. 会计报表分析中有什么错弊以及如何查证?

(1)常见错弊:

①分析不全面。

②分析不准确。

③对会计报表的分析结果未加科学利用。

(2)查证措施:

①审阅所作的会计报表分析。

②审阅有关账簿记录,调查分析在特定的时间内的有关经济业务。

③在综合对比的基础上,检查其对会计报表分析得是否全面、准确,对全面、准确分析会计报表所作的结果与结论加以科学地利用或运用等。

第十五章 评价企业的内部控制系统

第一节 内部控制系统概述

1. 什么是内部控制系统？进行内部控制有什么意义？

内部控制是指被审计单位为了保证业务活动的有效进行、保护资产的安全和完整，防止、发现、纠正错误与舞弊，保证会计资料的真实、合法、完整而制定和实施的政策与程序。从广义上讲，企业的内部控制是指企业的内部管理控制系统，包括为保证企业正常经营所采取的一系列必要的管理措施。

内部控制贯穿于企业经营活动的各个方面，只要存在企业经济活动和经营管理，就需要有相应的内部控制。

内部控制的职能不仅包括企业最高管理机构用来授权与指挥进行购货、销售、生产等经营活动的各种方式方法，也包括核算、审核、分析各种信息资料及报告的程序与步骤，还包括为企业经济活动进行综合计划、控制和评价而制定或设置的各项规章制度。

2. 企业进行内部控制包括哪些内容？

企业内部控制制度主要包括内部牵制和内部稽核两大部分。

内部牵制主要着眼于业务流程中的职能分解和人员的职责分工，以便形成互相制衡、牵制的机制。

内部牵制的主要手段包括职责牵制、分权牵制、物理牵制和簿记牵制等。

（1）职责牵制指的是合理划清职责并进行适当分工，使组织中的每一个职位都有专人负责，每一个人员都有明确的职责范围。

（2）分权牵制指的是将每一项业务乃至每一个环节中不相容的职能予以分离，由两个或两个以上的部门或人员分别掌管，以避免由一个部门或人员单独处理某些业务的全部流程，造成舞弊的可乘之机。

（3）物理牵制是指将特定的管理职责与相应的专门程序或专门工具结合起来，以便落实管理责任，排除其他部门或人员单独舞弊的可能性，从而使出现舞弊行为时易于追查原因。

（4）簿记牵制是指利用处于不同加工处理阶段或置于不同载体之上的会计信息之间的内在联系所进行的牵制。

内部稽核，或称内部审计，是指在企业内部设置专门的机构和人员，进行日常的查核和监督。

3. 如何了解企业的内部控制制度？

查账人员在了解内部控制时，应当合理利用以往的查账经验。对于重要的内部控制，通常可实施以下程序：

（1）询问被审计单位有关人员，并查阅相关内部控制文件。

（2）检查内部控制生成的文件和记录。

（3）观察被审计单位的业务活动和内部控制的运行情况。

（4）选择若干具代表性的交易和事项进行穿行测试。（注：穿行测试就是追查几笔通过会计系统的交易，追踪交易在财务报告信息系统中的处理过程）

大多数公司都有与内部控制有关的凭证和记录，比如，可能有内部控制政策和程序手册、流程图、原始凭证（包括销售发票、支票、凭单）、会计科目表和会计记录等，查账人员通过检查这些书面资料和询问被审计单位有关人员,可对内部控制获得足够的了解,以便充分计划查账工作。比如,预算控制程序通常要求编制预算报告,那么查账人员通过检查预算差异的调查记录,以及询问预算管理员有关调查的性质,就可了解程序的设计和实际运用与否等情况。

4. 在了解企业的内部控制制度时对哪些方面应着重考虑?

查账人员通过对内部控制制度的充分了解,应能够合理制定出查账计划。在了解过程中,查账人员应着重考虑:

(1) 交易授权。
(2) 职责划分。
(3) 凭证与记录控制。
(4) 资产接触与记录使用。
(5) 独立稽核。

查账人员对于调查了解到的内部控制情况和所作的控制风险初步评价应及时进行记录。

5. 如何对企业内部控制制度进行调查取证?

对企业内部控制调查记录的方法通常有四种,即调查表(问卷)、文字表述、流程图和核对表。查账人员可根据工作的需要和以往的经验来选择特定的记录方法。

以下着重介绍前三种方法。

(1) 调查表。调查表就是将那些与保证会计记录的正确性和可靠性以及与保证资产的完整性有密切关系的事项列作调查对象,并设计好调查表,交由企业有关人员填写或由查账人员根据调查的结果自行填写。调查表大多采用问答式,一般要按调查对象分别设计。调查表的优点在于:能对所调查的对象提供一个阐括的说明,有利于查账人员做分析评价;编制调查表省时省力,可在审计项目初期就较快地编制完成。但是,这种方法也有其缺陷,表现在:由于对被查单位的内部控制只能按项目分别考察,因此往往不能提供一个完整的看法；此外，对于不同行业的企业或小企业，标准问题的调查表常常显得不太适用。

（2）文字表述。文字表述是查账人员对被审查单位内部控制健全程度和执行情况的书面叙述。对内部控制进行书面叙述时，查账人员应按照不同的经济业务循环编写，查明各项工作的负责人、经办人员以及由他们编写和记录的文件凭证等。文字表述方式适用于内部控制程序比较简单、比较容易描述的小企业，其优点是可对调查对象做出比较深入和具体的描述，弥补调查表只能做出简单肯定或否定的不足。缺点是有时很难用简明易懂的语言来描述内部控制的细节，因而文字表述显得比较冗赘，不利于为有效地进行内部控制分析和控制风险评价提供依据。

（3）流程图。流程图是用符号和图形来表示被审计单位经济业务和凭证在组织机构内部有序流动的文件。

流程图十分有用，它能很清晰地反映出被审查单位内部控制的概况，是查账人员评价内部控制的有用工具。一份好的流程图，可使人直观地看到内部控制是如何运行的，从而有助于发现内部控制中的不足之处。与文字表述相比较，流程图最大的优点在于：便于表达内部控制的特征，便于修改。它的缺点是：编制流程图需具备较娴熟的技术和花费较多的时间；另外，对内部控制的某些弱点有时很难在图上明确地表达出来。查账人员可根据所审企业的业务经营特点，编制简明易懂的流程图。

6. 企业内部控制如何为查账服务？

被查单位内部控制制度的有无、好坏与查账工作风险呈因果关系。被查单位内部控制系统越是有效，就越能在较大程度上将会计核算中存在的错弊控制于核算程序之中，并及时消灭于查账工作之初。查账人员的查账工作不仅可以对其形成信赖或部分信赖，相应减少工作量，而且还能够有效降低查账风险。反之，如果被查单位内部控制不存在或虽然存在但实际无效，那么查账人员不仅因为无法依赖其内部控制制度而增加了相应的工作量，同时还承受着较大的风险，查账人员将在较大的不确定性中完成查账工作程序。

内部控制系统是被查单位内部管理制度的重要组成部分,建立和健全内部控制制度不是查账人员的责任,而属于被查单位自身的管理责任和会计责任,也就是说,其内部控制的存在与否及其发挥作用的程度如何与查账人员职责无关,但是被查单位内部控制的有无、好坏与查账工作存在密切联系,特别是与查账内容有直接关联。由此查账人员不是从自身职责,而是从查账工作及其管理的角度,应关注被查单位的内部控制系统。

7. 对企业内部控制系统的符合性测试有哪些?

符合性测试通常采用的方法有:

(1) 观察法。即查账人员到工作现场观察工作人员处理业务的情况,了解业务处理过程是否遵守了内部控制制度的要求。例如,查账人员可以观察材料仓库的材料收发情况,确定其是否与规定的收、发料程序相一致;到财务部门观察其报销手续是否与规定相符,等等。

(2) 实验法。查账人员选择有关业务进行分析,重新实施,以判断有关业务人员是否遵循了内部控制制度。例如,查账人员要求重复执行有关发货手续,确定仓库管理部门有关业务人员是否遵循有关清点、计量、记账等发货的程序,各项审核、检查工作是否确实执行,对不合理、不合法的发货领货是否进行了必要的把关。

(3) 检查证据法。即查账人员检查与有关业务有关的凭证和其他文件,沿着这些文件和凭证所留下的业务处理的踪迹进行检查,从而判断业务处理是否按内部控制制度的要求进行。例如,业务发生后,按控制规定要求有关经办人员、审核人和批准人在凭证上签字,查账人员就着力检查凭证上有无签字,如发现多张凭证上无签字则可以认为该项内部控制未予执行。

符合性测试时应采取抽查方式进行,测试规模的大小可以由查账人员根据经验加以判断决定。

查账人员完成符合性测试后,应对内部控制系统进行评价。

8. 如何对企业内部控制系统进行测试？

对内部控制系统的测试包括两个方面：

第一，测试被查单位的控制制度是否合理、适当，能不能防止或发现和纠正会计错误与舞弊。

测试时所用的主要标准是：

（1）分析其全面性的完整性，视其是否从实际出发，建立了一套完整的控制体系，且体系内各类控制互相衔接、制约，最大限度地复盖了被查单位生产经营管理及财务收支活动的全过程和主要方面，无遗漏、无空白、无相互矛盾之处。

（2）分析其责任性和可控性，视其是否体现责任原则，真正落实了有关部门和人员的责任，使业务经办人责、权、利相结合，既充分调动其主动性和积极性，同时又做到管而不死、控而不乱。

（3）分析其适度性和可行性，视其是否符合被查单位的实际情况，符合客观经济规律，符合人们的认识水平和管理水平，控制制度是否确实可行，被干部群众所认同并能得到切实的落实，将会计核算中的错弊降至最低程度。

（4）分析其科学性和严密性，视其是否先进合理，控制的内容和形式是否保持一致，控制制度是否简明易懂、易操作，操作使用无手续繁琐、程序不明、口径不当等情况，有无明显的空子可钻，控制制度有无误导等。

第二，测试被查单位的内部控制制度是否实际发挥作用，以及发挥作用的效果如何。

在测试时应着重查清以下三个问题：

（1）这项控制是怎样应用的？

（2）是否在年度中一贯应用？

（3）由谁来应用？

要弄清这三个问题，一般采取符合性测试。

符合性测试一般采取的步骤有业务测试和功能测试两类。所谓业务测试指查账人员按业务的类型,对单位重要的经济业务进行检查,以判明内部控制中应予控制的业务是否按要求进行了准确无误的控制;所谓功能测试是指对内部控制功能进行抽样检查,即对业务关键点的控制作用的发挥情况进行检测。

第二节　企业内部控制系统的常见错误及维护技巧

1. 企业内部控制系统中常见的错误有哪些?

错误的表现类型很多,其常见的类型有:

(1)技术型错误。

财会人员由于对财会工作不熟练或对相应的法规运用不正确而造成的错误,如凭证填得不准确、借贷方搞错、小数点错位、红笔运用不当等。技术型错误常发生在刚参加工作不久的新员工身上。

(2)习惯性错误。

指有些财会人员不好的习惯所造成的不同程度的操作差错。

如将几个"0"连笔书写,"6"的上面太短而错认为"0","5"有时写得像"3",等等;某些科目名称使用不准确、不规范,与其他行业会计制度混淆;有些字书写潦草,让人产生误解等。习惯性错误是可以改变的,只要让某些财会人员改掉相关的坏习惯,这种错误就不会再发生。

(3)条件性错误。

即由于客观因素,主要是由于客观条件不好而造成的错误,如缺乏计算器具、账簿纸质不良、复写纸质量低劣而造成的错误。

(4)操作性错误。

即财会人员操作不当出现的错误。如按错计算器键、算盘误计、笔误或眼误等。操作性错误是财会人员在工作中经常发生的,且原因各异,无规律可循，是最难避免的错误之一。减少操作性错误所造成的损失的主要对策是加强各环节的复核工作。

（5）管理性错误。

指由于管理薄弱、基础工作不健全、有关财会人员的职责权限范围不明，而使财会人员犯的错误。如由于推诿扯皮而造成的记账延误，由于无领导签字造成该入账的未入账等。管理性错误是财会人员及其领导协调和控制不力所造成的失误，也就是说如果有关部门和领导加强管理，这类错误原本是可以避免的。

（6）责任性错误。

指由于财务人员责任心不强所造成的本可以消除的错误。如一些本应在复核中查出的错误，由于复核人员缺乏责任心而未复核出来。这类错误与财会人员的素质相关，也与内部管理的宽严及水平有关。

2. 鉴别企业内部控制系统错误有哪些技巧？

错误是企业财会人员无意之中所造成的会计信息的虚假，区分它与舞弊的要点有：

第一，过失行为是无针对性和无目的性的，即其错误看不出有任何企图和不轨。过失是行为人无预谋的举动，是在无意识（未发觉或不可控制）下发生的。例如，某财会人员存在某些不良工作习惯，经常造成记账有误，这种错误的发生显然没有特殊的指向，从中未发现行为不良习惯以外的其他动机。

第二，过失一般是公开的。行为人没有进行掩饰和假装，过失无须进行"包装"，一般为行为人所不知和疏于查证下发生的，如果行为人事前、事中或事后知道其过失，应予以纠正和改进，所以在查账过程中对过失的查找，行为人或当事人的态度是积极的、配合的。例如，在查账过程中发现某一错账，如系过失所为其必然呈正常状况，未经过加工、处理和人为的雕琢，更没有以一笔账掩饰另一笔账的现象。

第三，过失行为人对查账人员的检查一般无不良心态，即行为人对错账无不必要的戒备,对查账心态平稳、仪态从容。如经手人对查账人员的行踪存有超乎寻常的关心,对查账的进展特别热衷和敏感,对查账人员涉及自己经手的账务十分惊恐,则不是过失的正常反应。但是查账人员也要特别注意作假"老手"的故作镇静,从其言行中观察有关人员流露出的失态。

第四,过失与行为人的利益得失无关,这是判断错误与作弊的最重要尺度。即过失是行为人无意行为所致,行为人也不可能从中得到什么利益和好处,有时甚至还造成自身工作的损失和浪费,如需要调账,增加了相应的工作量,要被领导责怪,被同事埋怨等。如果发现行为人或行为人所在单位团体,从行为人的"失误"中获得利益,并且经常地重复同一个或相类似"失误",这就有理由怀疑其属于别有用心。

第五,过失应是行为人尽力避免的,特别是行为人过去发生过的错误,或上一次查账发生过并已被查账人员提示的错误,过失应存在发生的原因和背景,存在其生成的条件和气候,如果重复发生一些低级错误,或是明知故犯,明知有错而不改,则有理由怀疑其有意性;如果发生过失的客观理由不能成立(如一位有经验的老财会人员发生原理性的错误,经几人反复核算的会计账面记录发生简单的计算性错误等),那么这类过失就不能不认为是有意为之。

3. 评价企业内部控制系统有效性时应注意哪些问题?

评价时,应着重注意以下几个主要方面:

(1)被查单位发生过哪类错弊,其内部控制系统控制效果如何?在现有内部控制系统的工作状态下,哪一类差错或舞弊发生的可能性最大?

(2)通过何种内部控制可以有效地防止或及时发现这些错误或舞弊的发生?当内部控制失效时其错弊是否会失控?

(3)是否存在内部控制不健全或有严重缺陷的情况?如果结论是肯定的,这些隐患是否会导致错误或舞弊的发生?

4. 对于内部控制的评价结果分为哪几个层次?

通过对重点内容的分析评价,查账人员对被查单位的概况有了全面的

了解,就可对其内部控制的可信赖程度作出适时和恰如其分的评价。对于内部控制的评价结果可以根据不同情况,分为三个层次:

(1)高度信赖程度,即具有健全的内部控制,并且均能发挥作用,经济业务的会计处理所发生的错误被压缩到最小程度。查账人员可以较多地信赖和利用内部控制制度,相应地减少对账证表单查对工作程序的数量和范围。

(2)中等信赖程度,即内部控制较为良好,但也存在一定的缺陷,有可能影响会计记录的真实性和可靠性。查账人员应区分不同情况,决定扩大和压缩对账证表单的查对范围,增加或减少样本量(在抽样查账的情况下),追加或补充既定的查账程序。

(3)低信赖程度,即重要的内部控制明显失效,大部分经济业务及其会计处理处于失控状态,经济业务的记录经常出现差错,从而对内部控制难以信赖。查账人员要放弃对内部控制的信赖,扩大账证表单的查对范围,增添、完善、修正和补充原有查账程序,改变原查账方法(将抽样查账改为全面检查等),启用新查账技术,以取得充分、适当的查账证据,形成查账意见。

对被查单位内部控制制度进行评价,实质上是对被查单位的风险控制作出评价,是对查账的策略作出调整,对后续查账活动的基本定位。它对后续查账工作具有重要影响,查账人员决不可轻视对内部控制系统的测评检查。